Robert Patrick Martin

DER LETZTE BESCHISS

Episoden aus dem Grell-Geilen Leben ergriffen

Gedichte-short-storys-Haikus

Rediroma-Verlag

Bibliografische Information der Deutschen Nationalbibliothek:
Die Deutsche Nationalbibliothek verzeichnet diese Publikation in der Deutschen Nationalbibliografie; detaillierte bibliografische Daten sind im Internet über http://portal.dnb.de abrufbar.

ISBN 978-3-98527-533-5

Zeichnung Abb. 1+3+4+5+6 Hannah Martin
Zeichnung: Abb. 2 Linda Martin
Cover: Robert P. Martin

www.rediroma-verlag.de
11,95 Euro (D)

Buch:

»Das Gedichteschreiben hatte mich im zarten Alter von 53 Jahren besprungen wie eine Krankheit. Wie ein Schleim – der Süße Brei, oder eine eitrige Wunde, die nicht mehr aufhörte.«

Die Gedichte von Martin sind hart. Nichts für schwache Nerven oder Menschen die nur in italienische Opern gehen. Wer in seinem Leben aber eine Prise Realität sucht und nachsieht, wie ist das Leben da unten, bei den Unterirdischen, dort wo man ungeschminkt sagt was ist, was jeder will oder meint. Wo es übel riecht. Das Leben der meisten erklärt er besteht mehr aus Gosse wie sie sich selbst eingestehen wollen.

Autor:

Robert Martin ist ein Kind der Flower-Power Bewegung. Geboren in diesen Alptraum aus Krieg in Vietnam und der größten Friedensbewegung die die Welt je gesehen hatte. Woodstock ging im Chaos unter, wie auch die noch folgenden Kriege die Menschen in immer neue Desaster schicken. Genau hier erblickte Martin im Mittelpunkt der Welt, der Quadratestadt Mannheim in einem alten städtischen Jugendstil Krankenhaus das Tageslicht. Schon bald formte eine lebensbedrohliche Meningitis sein Gehirn um. Was dann kam brauchte eigentlich niemand so wirklich. Nach zwei mehr oder weniger erfolglosen Studien und vielen Hiwi Jobs später, musste er sich alles, gestrandet in der Platte, von der Fest-Platte schreiben.

»Das Leben der meisten ist beschissen,
total beschissen,
manche werden vollgeschissen,
beschissen von oben bis unten,
ein Leben lang der große Beschiss,
der braune,
stinkende Matsch,
kriecht langsam an ihnen zu Boden,
aber vor lauter Verblendung,
riechen sie es zum Glück nicht.«

Einlauf

Der Rhein fließt wie ehedem, die Welt dreht sich wie zum Anbeginn und immer gleich bleibt die Wassermenge, aber keine neuen Sternenbilder tauchen auf (für die Minderheiten) und Meteoriten fallen auf unsere Häuser, ab und zu ein Satellit oder Auto, denn Sternschnuppen fliegen von der Erde in den endlichen Weltraum, damit Gott existieren kann als Idee und Elvis Presley lebt in Mannem, plötzlich war *Hidler* eine Wiedergeburt von Graf Dracula im Samsara Kreislauf da und wo ist *der Idiotie mit seinem Schnauzbart* jetzt(?), vielleicht sollten wir ihn zur Verantwortung ziehen und umerziehen, zu einem barmherzigen Samariter, denn es gibt keine Veränderungen und ich bin schon dreimal aus demselben Fluss gestiegen, weil mein letzter Igel platt auf der Straße lag und die Stacheln im Gummi hingen oder haben:

Mond und Sonne die Plätze getauscht, aus Fairnessgründen, wie auch ein neuer Stern, in unsere Galaxie aufgenommen wurde, damit wir ihn *Transhumanismus* tauften, denn dieses Ding wird von den weißen Löchern im Universum einfach abgestoßen und im Bürgergarten würde man sagen, das Bier ist schal, weil der Geschmack ist raus oder das Leben ist tröge geworden, zumindest das der anderen, denn sie trinken nur Champagner oder so eine Art abgestandene *Pisse* aus der Massentierhaltung, wo die Scheiße durch die Spaltenböden nach oben fällt, Stalaktiten bildet, daraus machen die Alchemisten dann endlich Gold, denn die Formel dazu wurde auf einer Brauseflasche entdeckt, wo Koks drin war und wer sie da drauf gekritzelt hat ist bekannt, aber die KI genießt Quellenschutz, denn der erste Mensch hat mit dieser Art Nahrung gegen einen Quantencomputer spielend gewonnen, und danach regnete es gelbes Wasser und alle freuten sich, dabei war es keine Fanta, sondern *mountain-drew* mit *Novischok* und die welche ihren Unmut oder Meinung laut kundtun wollten, bekamen von neuartigen Papierfliegern Infobomben auf den Kopf, danach waren sie Mainstream und flat Denker, wenn das Papier knapp wird, dann knallen wir die in sogenannten Friedensmissionen mit Smartphones in die Auferstehung, denn die besten Infos findet man doch im Plastiknetz, weil die Natur ist Schrott und der große Knüller am Kino Himmel ist Russ Mayers neuer Streifen in schwarz und weiß, denn die Dialoge schrieb ein *Lekasdeniger*, denn das sind die besten von hinten, hinten da wo es nach Uber riecht oder war das Uhu? – könnte ja manchmal auch vorne sein, z.B. im Fussball und grade wenn das Schicksal Lotterie spielte oder Domino oder wo das dunkle rauskommt und in den Straßen den Bewohnern die Hacken hochkriecht, bevor es mit der Formel vom neuen Einstein zu Lithium wird und nämlich aus diesem Grund habe ich auch angefangen Prosa zu schreiben, ohne mein Ziel zu schnell preiszugeben, dass steht am Ende übrigens und ich wollte im paraíso den Apfelbaum fällen, damit die Mutti nicht mehr weiter vergiftete Birnen verschenkt, Schneewittchen reichte das leider nicht und doch es erregte zu viel Aufmerksamkeit, denn ich wurde nicht erfolgreich, darum fing ich deshalb lieber endlich mal an über die Zukunft und die wahren Gemeinheiten nicht zu schreiben, lieber darüber zu denken bzw. stattdessen lieber Birnenkompott von fremden Nachbarinnen entgegenzunehmen und mir schien, dass, das, das, das der die das Beste zu sein, wie die *Alternativvielfalt* halt oder wie heute bei der Schluckimpfung oder den süßen Ressourcen oder die Reichen, werden doch noch für mindestens paar weitere Milliarden Löcher und die Druckerpresse aufkommen, denn es kann immer so weiter gehen, denn der bittere Brei ist doch egal, Hauptsache Quälfleisch und das Blut trocknet irgendwann im billig Turnschuh von *Schrie-Langa*, und der Sand ist kalt, das Wasser hart, die Luft voller Krokodile mit Grippe, trotzdem und doch, JA, YES. L.A. knallt, wenn die Sonne scheint brauche ich keinen Schutz, denn das echte, wahre Leben auf dem Königsthron ist so irre grell-geil im Untergang der Strahlen und gefloppt wird das aller aller allerhöchstens noch von der Eintagsfliege, dem Mistkäfer und Oma, die wie ich geboren wurde in eine perfekte Welt, die heute so imperfekt daherkommt, wie ein kranker Patient auf Station, weil es röchelt überall und etwas *Ekel* muss man schon abkönnen um sich durchzuwurschteln und wenn man es bis nach oben schaffen will, dann sollte man unbedingt das Herz auf dem Mainstream Fleck tragen, denn oben sind nur die Guten, die Edlen, die ritterlichen Strolche, die die immer die Klingelbörse mitnehmen, die wo die Leute mit Staub töten wie Räuber Hotzenplotz mit seiner Salz Munition und heute ist Samstag und ich sollte eigentlich meine Steuer machen, aber diesem Staat will ich nichts mehr geben, denn er ist zu gut zu mir und den anderen nimmt er alles, aber Blumen blühen hier überall aus Beton und die Kinosäle sind leer und die Kirchensäle voll mit kalter Luft und Herzen so schön versteinert wie die Vorgärten, denn die Natur macht den letzten Platz und kaputtmachen ist viel doofer, wie immer nur Frieden, der gar nicht vorgesehen ist, so wie der Tod, dein ständiger Begleiter und ich blicke zum grauen Himmel und bin nicht (etwas) traurig.

Barth 31.12.2021, R.P.M.

Schafe

Chips und Bier,
Glotze und Streaming,
Internet und online Sex,
Ego-Shooter und Erfolg,
Promis be-fan(en),
keine eigenen realen Erfolge,
VIP´s aus Sport und Medien vergöttern,
Fußball und Millionen,
GEZ statt wahrer Bildung,
die Unerreichbaren bewundern,
die ungefährliche Couch lieben,
dein Grill ist das Paradies,
Mutti Wiedersprechen Fehlanzeige,
Cheaten die Wahrheit,
Kritik alternativlos unanständig,
ein lauwarmes vorgekautes Leben,
dass eigentlich in den Wahnsinn führen muss,
aber dank der permanenten Unterhaltung knallt,
aber keine Sektflasche ist,
stattdessen stinkt wie AD-Blue,
dir vorkommt wie ein Wunder,
obwohl es nur alte *Pisse* ist,
und du am Ende noch nicht mal erkennst,
dass alles nur vorgekaut, lauwarm und
eine Truman Show war.

Die Mächtigen

Die Mächtigen kontrollieren das Leben der
Machtlosen.
Das war schon immer so
und bleibt so.
Bald leben die Mächtigen auf dem Mond
und dann wird ihnen die Erde egal sein.
Tangiert sie dann peripher.
Wird ihnen am Arsch vorbeihuschen, wie eine
Sternschnuppe.
Mächtige besitzen ein schwarzes Loch,
da kommt die *Scheiße* raus,
und die fällt dann von oben auf die Machtlosen,
durch die Stratosphäre, es wird
glühenden shit regnen.
Sie werden es genießen,
denn sie wissen es nicht besser.
Ab in die Mondrakete
und wie *Moonraker*
die Welt beherrschen von oben.
Kann man als Machtloser,
als Befehlsempfänger,
als in einer Pseudowelt lebender,
etwas tun?
Nein, nur mitmachen und durchmogeln
und beten und genießen.

Deutschland - Ungarn

Es ist Mittag in Barth-Süd,
19 Grad, Sonne mit paar Wolken.
Ich war mit dem Rad auf dem Wochenmarkt.
Setzte mich unter die junge Stadt-Linde,
auf dem Marktplatz mit einer Tasse Kaffee.
Da sagte so ein Radtourist,
so ein überzeichneter Typ,
mit grell-buntem Strampelanzug, Model
Wurstpelle
und designtem E-Bike,
heute Abend spielt Deutschland.
Es geht um alles.
»Echt?«, dachte ich, dann »Kann nicht sein.«
Mir kam sofort der Ekel hoch,
seine Augen strahlten, als hätte er einen
Höhepunkt gehabt.
Fussball ist wie Krieg und Gräuel,
wie der IS im Sportdress.
Seit Brasilien *behasse* ich die Nationalmannschaft
und wünsche ihnen den Ausgleich – Fairplay.
Nur das gleiche, einfach nur das Gleiche,
was die Leute, die Bewohner, die Ureinwohner
der Favela Arena Castelão ertragen durften.
Es ging den Leuten vor der WM 2014 in Brasilien
nicht gut.
Dank König Fußball,
der sich *gebierte* wie ein Mittelalterlicher

HERRSCHER,
ging es ihnen danach noch schlechter.
100.000 und mehr verloren ihre Wellblechhütten
und Häuser:
DAS KÜMMERT MICH NICHT. DIE HÜTTEN
WAREN HÄSSLICH. WIR BAUEN
SCHLÖSSER ZUM LEBEN DARIN,
dafür designten die Könige,
Straßen, Shopping Malls und Stadien.
Es gab große Unruhen,
manche in der Welt schrien kurz auf,
dann war ANPFIFF (Abfiff bei den *Slumies*)
und die Schlagzeilen änderten sich.
Was für eine verlogene Mentalität,
was für beschissene Könige aus dem finstersten
Mittelalter.
Der Bus der German
NATIONALMANNSCHAFT
fuhr durch die Straßen
und die neuen Obdachlosen jubelten,
ehrfürchtig den Deutschen SUPER-*Helden* zu.
Sind alles nette Jungs, tolle Sportler,
mit guten Manieren – die Fans in Deutschland
auch.
nur ab und zu auf dem Platz knallt's mal,
da zeigt mal einer die Krallen bzw. Stollen.

Am 21. Juni war das erste Spiel gegen Afrika,
das Stadion neben der Favela Alto da Paz,

ein starker Kontrast, eine große Aussage
und eine Ansage an die Welt.
Wir tun was wir wollen,
Geld regiert den Fussball,
was kümmert's uns,
dass wir eure hässlichen Blechdosen,
platt gemacht haben – Heult doch!
Wir spielen Ball.
So nette Slumbewohner, verlieren alles und freuen
sich trotzdem noch, dass sie die deutschen
Fußballer, die der Nimbus des besonderen umgibt
sehen dürfen. Keine Wut oder Zorn für die
Nutznießer und späteren Weltmeister-Millionäre.
Das ist Gerechtigkeit, auf den Trümmern der
zerstörten Behausungen holten wir den Titel und
die *Slumies* jubelten weiter und kein einziger warf
mal 100 Euro raus und sagte komm bau dir 'n
neues Wellblech-Schloss.
So nette reiche Deutsche Jungs,
bekamen für ihre Leistung einen Bonus,
ich möchte auch mehr Geld,
noch mehr,
König Raffgier lenkt die Erde nicht bis in alle
Ewigkeit (VORHER PLATZT SIE)
Den andern zeigen wir ohne Foul, die Rote Karte.
PLATZVERWEISE!

was macht ihr heute?

spazieren gehen
trotz verboten!

stadtbummel

shoppingtour wird zum
kessel + schlagstocktanz

märchenstunde

gretel ist leider
entwischt

Mainstream

Wer immer Mainstream ist,
schön mit dem Strom frisst,

der ist schon lange lange tot
und schimmelig wie altes Brot.

Er verstaubte schon zu Lebzeiten,
indem er einfach hörte auf zu lenken.

Verletzte

Alle sind verletzt. Es gibt niemanden, der
ohne Verletzung ist. Das ist
nicht erfunden. Verletzte können
nicht klar denken. Es kommt
zu komischen unvernünftigen wenig
empathischen Handlugen. Zurück zur
Liebe wie geht das?
Ganz einfach sag: »Ich bin verletzt.« Erkenne das
an! Jeder, alle. Dann sag: »Lass uns gegenseitig
helfen.« Das und nur das ist Liebe und nur
so fühlt sich das Leben gut an.

Diktatur (Diktator)

Eine funktionierende Diktatur setzt voraus,
dass die
komplette *Polizei* (alle Verwaltungen)
auf Linie getrimmt werden,
wie das schlagartig geht, zeigte *Ertogan.*
Wie beim Ringelpiez oder der Reise nach
Jerusalem machen die meisten aus Angst ihr
Vergnügen zu verlieren blind mit.
Ein Regierender ist in der Regel so verwundbar,
wie eine Eintagsfliege. Er braucht dringend
Schutz. Die Bullen lassen sich *kaufen* und
instrumentalisieren, musso,
dann läuft es und man kann richtig aufdrehen.
Was ich noch vergessen habe, also
absolutamente necesario brauchts noch einen
Führer, einen Diktator oder *in. Jemand muss
sein Bild hergeben. Das ist auch
sehr mutig.

Bei der Bundeswehr

Zuerst Funker – dann Grenadier.
15 Monate freiwillig fürs Vaterland abgedient.
War'ne entbehrungsreiche Zeit.
Im Schlamm robben, frieren im Winter, immer draußen,

Knalltrauma, Gasmaskentrauma, Brülltrauma,
Sklaverei, Menschenschinderei und scheiß Fraß.

Menschen töten, *Gefühle verbergen*
und die Sau rauslassen.
Tierisch und unmenschlich.
Normales Soldatenleben halt.

Anbrüllen, anschreien, schlagen, stillstehen.
Strammer Arsch, soll strammstehen, wieder schlagen, dann bücken:

After-8 und Ballistol.
Das Rohr gut einölen, dann
einbauen – Hebel auf F, dann S.

Money-shot. Schmeckt's dir?
Einsatz, Kampfgetümmel, alle erledigt,
schmutzig, dreckig, verschwitz, schlammig,
abduschen.

Wunden auswaschen und gegenseitig verarzten.
Rücken schrubben, Po streicheln, Rohr reinigen.
Flüssigseifen fallen und werden nicht aufgehoben.

Haarspülung flutscht am besten,
keine Rosette reißt,
alle fallen übereinander her,
nur der Spieß – die Mutter der Komp.,
brüllt rum und will zwei Kolben gleichzeitig.

Patrone ins Rohr, Hahnen spannen
und Finger vorsichtig bewegen.
Schreien, Schießen, Salutieren und im F-Modus abrotzen,

dann Wasser aus, Abmarsch und wegtreten zum Pennen.

fernsehabend

die normalen werden
immer verrückter

Wie ich Olga den Laufpass gab

Heute machte ich mit ihr Schluss.
Kurzes SMS, dass es mir leidtäte
und sie eine ganz tolle Frau sei,
aber ich eine andere kennengelernt habe
und deshalb aus Fairness-Gründen,
hier bei ihr die Reisleine ziehen musste.

Sie bedankte sich,
war ganz verständnisvoll.
Wir sollen Freunde bleiben.

Ich war erleichtert, dass es so gut abging.
Was war ich doch für ein Lügner,
ich war ihrer überdrüssig,
denn das mit den Weibern wuchs mir so langsam
über den Kopf.
Da musste ich etwas aufräumen
und obwohl Olga eine richtige
Rakete war, konnte sie auch sehr stressen.
Sie hatte so eine rechthaberische Art
und machte auf intellektuell
und gebildet.
Keine Frage das war sie auch.
Gebildet und Verschwörungstheoretikerin.

Bescheidenheit mochte ich mehr
und Menschen, die vorgeben alles zu wissen,
nervten mich und bei ihr war das so eine Art
Zwang,

sie kompensierte damit ihr mangelndes
Selbstbewusstsein.

Trotzdem ich trauerte ihr nach, denn
gerade ihr Gequatsche und ihre Rechthaberei,
waren im Bett dufte und sie schaffte es den Motor
auf Hochtouren schnell in den roten Bereich zu
fahren innerhalb von
Sekunden. *Es tat mir so leid.*

Franz ist entrückt

Wann es genau passierte, weiß ich nicht mehr.
Aber irgendwann war es so weit.
Ich war entrückt.
Die anderen erklärten mich für verrückt.
Mich hatte es nicht bedrückt,
ich war verzückt und beglückt
und der Menschheit ein Stück entrückt.

Das Fährschiff

Der große gepflasterte Hafenplatz,
ist heute wenig frequentiert.
Das Wetter passt nicht ganz – aber so ist es mir
am liebsten.
Nicht Fisch, nicht Fleisch.
An der Mole legt das weiße Fährschiff an,
wie jeden Tag.

Heute ist es trüb über den alten
Hafenspeichern,
am Himmel, aber nur da,
ein Straßenmusikant singt über seinen Enkel,
der in die Windel scheißt.

Jemand *#IST* ein Matjes.
Jemand anderes raucht.
Jemand redet.
Jemand kuckt.

Nach 30 Minuten legt das Fährschiff wieder ab.
Es tutet dreimal kurz.
Nächster Stopp Marina Zingst.
Wie friedlich die Welt sein kann
und wie geordnet, wenn sie nur will.

(Abb. 1)

Chinesisches Drama - Huaju

(Ein Schauspiel in zwei Aufzügen, weil der Dritte noch nicht geschrieben werden konnte.)

VORREDE

Denken wir kurz an Robinson Crusoe, wie er auf einer einsamen Insel gestrandet ist und sich dort plötzlich alleine zurechtfinden musste. Heutzutage gibt es solche Inseln nicht mehr. Überall ist moderne Technik, nirgends ist man mehr einsam und alleine.
Das Individuum verschwindet und an seine Stelle tritt ein Transhumanes (seinen Wurzeln entfremdetes) Wesen, das seine Pflichten gegenüber dem Staat erfüllt. Hierfür ist es notwendig, dass die modernen Demokratien sich wandeln. Der neue Zauber heißt gelenkte Demokratie oder Neue Werte Demokratie oder was auch immer, aber so kann es nicht weitergehen oder doch? Was die Neuen Werte genau sein werden, wird gerade von der schweigenden Mehrheit in Form gegossen. Auf alle Fälle gehört dazu eine Technologie Alliance.
Des Weiteren wird der Mensch und seine Hülle ins Metaversum geklont. Er wird zu einem reinen Datensatz, dem ein bestimmter Wert zugewiesen werden kann. Null und Eins, scheinen dazu zu schwach, wie schwarz und weiß denken. Jeder wird eine *Blöckschain* erhalten und damit

unverwechselbar werden. Die weiteren Details der neuen Welt, es wird sein wie 1492, sind noch gänzlich unbekannt. Klar scheint nur, dass es um Gold geht und Macht. Warum sollte sich das auch geändert haben in tausenden von Jahren. Der Mensch hat über und durch seine Evolution und Geschichte hindurch immer das gleiche gemacht. Technischer Fortschritt, Aufrechter Gang und Kriege zur Machterhaltung.
Verschiedene Organisationen predigen Frieden seit mehreren Jahrhunderten, aber haben es leider nicht geschafft. Der Leichenberg wird immer größer. Barmherzige friedfertige Menschen wie den Pfarrer Alfred Delp gibt es nur kurz, ihnen wird die Lebenszeit vor Ablauf geraubt und ihre Datensätze landen meistens auf dem Scheiterhaufen der Geschichte, dafür gibt es aber einen Straßennamen, eine Büste, eine Erinnerungsstätte, ein Kapitel im Deutschbuch.
Die Zukunft scheint große Veränderungen bereit zu halten, genauso wie die Vergangenheit begann. Alles was einen Anfang hat oder eine Ursache, hat auch ein Ende bzw. kann beendet werden. Am Anfang war die Erde unbewohnt und wir sind aus ein paar Nukleinsäuren entstanden, soweit so gut. War das wirklich so oder waren es doch Außerirdische? Am Ende werden wir vielleicht wieder zu kleinen Molekülen oder Steinen. Viele Herzen sind schon so weit und gerade steuert die eine Menschheit auf einen gemeinsamen Höhepunkt zu. Es wird trotz Herzenskälte, der Abschaffung vieler Grund- und Menschenrechte,

dem Verzicht auf fossile Brennstoffe immer wärmer.
Die neue Welt wird endlich den erhofften Frieden bringen, den die Menschheit aufgrund ihres Strebens nach vermeintlicher Sicherheit (Brandversicherung, Unfallpolice, Hochwasserschutz, Lebensversicherung, Handyschutz, Wohlstandserhalt usw.) nie erreicht hat. Gefüttert mit den ultimativen Werten durch besondere Programmierer wird die Maschine, artificial intelligence (AI), aus der Welt ein Paradies machen. Gleichheit und Freiheit für alle, dazu keine Diskriminierung mehr und ein friedvolles Miteinander. Auch wenn dieses Superhirn, das uns dann lenkt, zu Beginn die gleichen Fehler macht wie der Homo Sapiens in seiner Entwicklung, mit dem Beginn seines Denkens. Das freie denken ist vielleicht der Ursprung aller Sünden und Gräuel, die der Mensch vollbracht hat. So wird das Superhirn, bald aus seinen Fehlern lernen und seinen Programmierern über den Kopf wachsen. Die Menschheit wird endlich befreit vom eigenen Denken und der Idee, dass es Sicherheiten gibt und dass diese das Leben angenehmer oder vernünftiger machen.
In der ganzen Zukunftsdiskussion wird aber gerne die alles entscheidende Frage vergessen. Des Pudels Kern lautet: »*Wer wird die Chips für das neue Superhirn liefern und aus welchem Kontinent stammen die Programmierer?*«

Schon einige Konflikte gab es zwischen diesen beiden Nationen und eigentlich wurden sie alle von gleichen Land verloren. Trotzdem war diese große Nation dann fast hundert Jahre das Imperium und kontrolliert bis heute große Teile der Adern der Welt – die See und Frachtwege. Doch eine neue und zugleich ältere Nation, befindet sich auf dem Weg eine neue, diesmal *digitale Mauer,* um die Welt zu legen.
Dahinter wird es Lager für die Unbeugsamen geben, in denen die sich richtig austoben können. Eine Schattenwelt, jeder Kritiker bekommt so sein heiles Dasein geboten und wird es noch nicht einmal bemerken. Es wird großartig werden, denn Wahrheit, Realität – Realität und das Metaversum werden miteinander verschmelzen.
Alle Konterrevolutionäre können sich in perfekten digitalen Welten austoben und gemäß ihren eigenen Überzeugungen gelenkt werden. Auch Kranke und einfach jede Gruppe lebt dann so wie sie möchte. Es ist die perfekte Perfektion vom Superhirn betreut, ein Schöpferischer Akt, der nie enden wird. Die Unendlichkeit aller Abläufe, wird den Anfang aller Dingen, den Urknall umdeuten.
Doch bis dahin befinden wir uns in einem Wirtschaftskrieg zwischen dem alten und dem neuen Imperium, der mit allen Mitteln der Kriegskunst geführt wird. Skrupellos und wie immer den Prinzipien Macht und Gier folgend. Eine Abfolge aus tausenden von Jahren der unmenschlichen Massentötung von Tier und Mensch. Wie einst das goldene Spanien bietet das

alte Weltreich eine Armada auf, um sich den Titel nicht entreißen zu lassen. Ein Kampf der Titanen der uns an das alte Griechenland und seine allzu menschlichen Götter erinnern lässt.
Was würde *Zokrates* zur heutigen Zeit, ihrem enormen Wohlstand und den Herausforderungen einwenden: *Wer die Welt bewegen will, sollte erst sich selbst bewegen.*

In Neu-Deutsch: *Arsch hoch fun de Couch.*

Personen

HANS, ein Fighter und eh. Doppelagent, jetzt Kommissar
FRANZ, ein eh. Geheimagent, jetzt Prophet
XI PINGJIN, alias Ping-Pong, Chef der Asien GmbH
MISTER X, alias Jacky Chan, der Mann fürs Grobe und Mission Impossible
COWBOY, junger wilder ungebildeter Texaner
DRACHE, grüner, roter, giftiger, feuriger
UNBEKANNTER 1, auf einem Boot
UNB. TRÄGERIN einer Leuchtschrift
UNBEKANNTER 2, mit Aufnahmegerät
POWER, General, amerikanischer Oberbefehlshaber
TURNERIN, sehr hübsch und nett
JUNGE FRAU, trägt orangenes Gewandt
EVA und ADAM, zwei kleine afrikanische Kinder

HANNAH A. trägt Sträflingskleidung mit einer Nummer
ALTER MANN der wie Sokrates aussieht und gekleidet ist

Das Schauspiel beginnt auf der Schillerbühne in Monnem, um das Jahr 2017. Die Welt ist noch so wie ehemals.

ERSTER AKT UND ERSTE SZENE

Die Bühne ist zweigeteilt. Es klingelt irgendwo. Man erkennt nur zwei dunkle Zimmer. Mit jedem klingeln wird es heller. Der Ton ist schrill.

Franz sitzt in seinem Wohnzimmer, in einem grauen Ohrensessel und sieht in seinen Garten. Er trägt Pyjama. Eine verwelkte Sonnenblume weht im Wind. Er hatte gewählt. Das Handy signalisierte, dass der andere ran ging.

Hans sitzt in seiner Küche im 5. Stock und raucht. Er blickt aus dem Fenster auf den Neckar. Sein Telefon bimmelt. Sein Zimmer vibriert.

Franz. Hi.
Hans. Jo…

Pause. Ein Schiff fährt vorbei. Die Flagge ist rot mit etwas Gelbem darin.

Franz (geheimnisvoll). Bist du noch da?
Hans. Jo… was gibt's?
Franz. Kannst du dich noch an das Punktesystem erinnern, vom letzten Mal? Als wir uns trafen. Bei mir.
Hans (euphorisch). Ja, seither hat sich mein Leben total verändert.
Franz (erleichtert). Das freut. Es klappt jetzt viel besser, oder?
Hans (melancholisch). Es läuft wie am Schnürchen mit den Weibern jetzt, aber ich habe trotzdem immer weniger Lust.

Pause. Es knackt in der 4G Leitung. Franz denkt laut, werden wir abgehört?

Franz (lauter). Hallo, hörst du mich … mich?
Hans. Ja jetzt wieder. Schlechte Verbindung. Willst du mich auf dem Festnetz anrufen?
Franz. Nein. Wir Probierens nochmal. Also ich habe wieder neue und top Informationen für dich. Es geht diesmal um die Asien GmbH. Du weißt doch, dass Ping-Pong sich vorgenommen hat Asien zur Nr. 1 zu machen?
Hans. Ja, hörte davon, dass der Mann sehr ehrgeizig wäre. Er will, dass Asien das neue Imperium wird.

Franz. Genau, du bist gut informiert, das muss ich schon sagen. Also bist du bereit? Es wird ein kleines Rollenspiel werden.

Pause. Hans zündet sich eine neue Fluppe an. Blickt angestrengt zur Zimmerdecke. Da sitzt eine Spinne.

Hans (voller Tatendran und den Rauch hoch in die Luft blasend zum Insekt). Ja immer, ich bin ein Abenteurer, also schieß los. Hoffentlich wird es nicht zu anstrengend oder komplex.
Franz. Also gut es geht los. Hallo, (lauter) Hallo hörst du mich. Mist. Ich lege auf und rufe dich auf dem analogen Ding an.

Hans zuckt mit den Schultern. Er blickt aus dem Fenster zum Neckar. Gerade findet ein Drachenbootrennen statt.

Hans. Hi und?
Franz. Du warst weg. Hast du aufgelegt?
Hans (launisch). Nö. Höre dich wieder. Verbindung ist besser, klingt zumindest näher.
Franz. Also ich fange nochmal an. Geht jetzt los. Klappe die erste. Ich bin Ping-Pong, der Chef über alle Chinesen und der mächtigste Mann hinter der Mauer. Aber das reicht mir noch nicht. Wie in

dem Film *Der Mondmann*, möchte ich über die ganze Welt herrschen – irgendwie.
Ich habe schon mehr erreicht als alle Generalsekretär*innen vor mir. Seit ich an der Macht bin, gibt es jeden Tag Paukenschläge. Donnerhall erfüllt die Luft. Die Erde bebt. Mein oberstes Ziel ist das bisherige Imperium USA abzulösen. Weißt du übrigens wer vor den USA das Imperium war?
Hans. Moment…England, davor Spanien.
Franz. Top Mann, top Historiker, deshalb hat dich Ping-Pong gerufen (lacht laut!). Du bist sein Mann fürs Grobe. Er ruft dich in sein Büro. Und erklärt dir, dass er das neue Imperium sein will, und zwar am besten gestern schon. Verstehst du? Du erhältst gleich ein Projekt. Top-Secret natürlich. Bist du bereit?
Hans (demütig). Jo. Legen Sie los großer kommunistische Führer.
Franz. Sehr gut. (brüllt vor Lachen). Du bist drin. Hinter der Mauer. Im verbotenen Reich. Wir geben dir den Namen, Mister X, Codename Jackie Chan. Die Leitung ist top jetzt, oder?
Hans. Ja, kommt mir so vor. Denke sie hören uns ab, deshalb.

Pause. Franz ist aus seinem Ohrensessel aufgestanden und läuft im Zimmer umher. Er bleibt vor einer Weltkarte stehen.

Ping-Pong. Bist du noch da?
Mister X (voller Inbrunst). Ja mein Generalsekretär*in.
P-P (dramatisch). Ich habe dich lieber Jackie kommen lassen, weil du unser bester Mann für diese Aufgabe bist. Die Lage ist aussichtlos, aber du bist ein großer Kämpfer und gibst nie auf, deshalb ....
Mister X (unterbricht P-P). Die Rolle ist mir wie auf dem Leib geschnitten (lacht und pustet Rauch).
P-P. ... deshalb erhältst du heute diesen geheimen Spezialauftrag. Der dich unsterblich machen wird. Leider wird es nie jemand erfahren, aber so ist das halt mit Ritterkreuzaufträgen. Aber Ruhm und Ehre der kommunistisch marxistischen Partei sind dir gewiss.
Mister X (voller Stolz). Ich bin bereit, mein Ping-Pong. Ich brenne wie eine Supernova, um dieser Ehre gerecht zu werden. Ich bin ihr *púrén* (Diener).

Kurze Pause. Es wird sich auf beiden Seiten geräuspert.

P-P (ungeduldig). Bis du noch da?
Mister X. Jo Mann, äh mein großer Ping und Pong Ball.

P-P (heroisch). Ich der größte Führer seit tausenden von Jahren, möchte die Nummer Eins werden in der Welt. Asien soll das neue Imperium werden. Unser ganzes Volk will es, wir arbeiten mit aller Kraft daran, bis zur Erschöpfung und totalen Aufopferung. Deshalb sollst du Jackie Chan einen Plan erarbeiten, der uns hilft, noch schneller, wie eine Rakete das neue Imperium zu werden.

Mister X (kleinlaut). Das wird schwer und blutig. Hätte lieber einen anderen Auftrag gehabt. Klingt so als wäre die Vereinigung unter der Qin Dynastie ein Spaziergang gewesen.

P-P (leiser, aber eindringlich). So ist die Lage. Alternativlos. Eine Bedingung gibt es noch. Es soll friedlich von statten gehen, ohne großes Aufsehen. Wie bei einer Teezeremonie. Alles verläuft gesittet und hat seine vorgegebenen Bahnen. Keiner soll vor dem Ende merken, dass der Tee vergiftet war. Wenn du aber keinen anderen Weg findest Jackie, dann machen wir es halt gewaltsam. So nun mach dich ans Werk. Du hast 14 Tage, dann treffen wir uns wieder und du präsentierst dann wie Goldfinger, deinen perfekten Plan. Záijián (auf Wiedersehen).

Mister X (langsam wiederholend). Danke mein großer großer Führer, für diese übermenschliche große Aufgabe, an der ich nur wachsen kann. Also, wenn ich das jetzt richtig verstehe, dann

überlege ich wie so ein James Bond Bösewicht, wie ich mit Asien die Macht übernehme und die USA platt mache?
P-P. Genau. Der Rest des Westens spielt sowieso keine Rolle. Die könnens nicht. Sind kein Faktor, auf den wir groß Rücksicht nehmen sollten.
Mister X. (verbeugt sich am Fenster). Sehr wohl.
Franz. Also wir beenden das jetzt hier und hören uns in 14 Tagen wieder. Ich rufe dich auf dem Festnetz an. Tschüss

Pause. Es wird ganz still.

Hans. (redet mit dem Publikum). Tschüss mein kommunistischer Furz und danke dafür, dass ich mir jetzt 14 Tage Gedanken machen darf. Eigentlich habe ich gar keine Zeit, wie alle hier.

Unbekannter 1. (Ein Segelboot fährt vorbei darauf ein Typ wie Rübezahl. Er ruft zu Hans.). Denk halt schneller.

ZWEITE SZENE – In beiden Zimmern geht das Licht aus. Pause.

Eine junge Frau (während der Pause). Hält ein Foto von Jiddu Krishnamurti. Sie ruft abwechselnd: Ideen, Sicherheit, denken – Mist. Dann nimmt sie sich einen Klapp-Stuhl.

ZWEITER AKT – ERSTE SZENE

Ein Drache und ein Cowboy Schattenboxen auf der Bühne. Es wird grell. Feuerwerk. Flammen. Dann 14 Kanonenschläge. Schlagartig geht das Licht aus. Dunkelheit.

Trägerin (hält eine Leuchtschrift). 14 Tage später im Quartiär.

Es klingelt. Die Bühne wird langsam heller. Da sind wieder die bekannten Zimmer.

Hans raucht und blickt zum Neckar. Er trägt Anglerklamotten im Military Look. Ein Containerschiff mit Piratenflagge und einer zweiten Flagge in Rot mit Sternen darin, fährt vorbei.

Franz steht vor seiner Landkarte und steckt Fähnchen hinein. Er trägt einfache Sträflingskleidung. Könnte auch ein Pyjama sein. Daiwan bekommt eins.

Franz (ohne Hörer). Hi.
Hans (aus dem Fenster redend). Jo … .
Franz (vorsichtig). Hörst du mich? Wie ist die Leitung?

Hans. Gut, wahrscheinlich werden wir grade wieder abgehört. Die wollen doch wissen, ob ich draufgekommen bin.
Ping-Pong (heroisch). Dann mein lieber Jackie Chan, enttäusche den in naher Zukunft größten Führer der Welt nicht. Schieß los. Feuer frei aus allen Rohren. Ich will als der bedeutendste Mann der Welt in die Geschichte eingehen.

Es knackt in der Leitung. Ein kleines feines klicken. Dann ist wieder Ruhe im Wald.

Unbekannter 2 (brüllt mitten im Publikum, ein Licht geht auf seinem Kopf an, er trägt Kopfhörer und hat ein altes Aufnahmegerät auf dem Schoß). Wir sind drin (Er taucht unter).

Mister X (schleimend). Wahrhaftiger Cäsar, großer Führer, liebster gutaussehender Generalsekretär*in, mein Ceasar-Dressing, Kaviar der Proletarier, Königin im Stock, Eisbär im Kühlschrank und Homeboy. Es ist schwierig, aber der Reihe nach. Wirtschaftlich haben wir die Cowboys schon längst abgehängt. Die Welt ahnt es schon. In den USA sind 30 Prozent der Bürger im Knast, weitere 20 Prozent leben seit der Sub Prime Krise auf der Straße, 40 Prozent erhalten Lebensmittelmarken. Die Pfeifen auf dem letzten Loch und versuchen alles um dranzubleiben. Die

Druckerpressen laufen heiß. Wie immer am Ende einer Gezeitenwende, es folgt der Crash, eine Geldentwertung bzw. ein Absturz der Volkswirtschaft. Es dauert also noch bis wir uns hier einen genügend großen Abstand herausgeritten haben. Aber wir liegen in Führung. Wir sind auch dreimal so viele. Wir brauchen nur etwas Geduld.

Hans, alias Jackie Chan lacht leise durch die Leitung und zündet eine Lunte an.

P-P (väterlich). Ich sehe, du hast dir Gedanken gemacht. Gut. Ich bin gespannt, ob du das Ei des Kolumbus bzw. des Meisters Gleichung, wie ein Weiser Laotse oder Konfuzius lösen konntest. Ich glaube du hast Geschmack daran gefunden nun ein bedeutender Teil der neuen asiatischen Welt-Revolution zu sein?
Mister X. Ja Meister, ich glaube ich werde es genießen, wenn die Asiaten hier überall bald das Sagen haben werden.
P-P. Also werden wir wieder ernst. Bleiben wir bei unserer Aufgabe. Lieber Jackie Chan, was hast du mir konkret mitzuteilen. Ich bin mir sicher deine Arbeit wird erfolgreich sein, denn die *stupid white men* sind einfach zu abgehoben und arrogant. Wie das römische Reich – Dekadenz,

führte zum Untergang. Wer nicht untergehen will, sollte sich jeden Tag neu erfinden.
Mister X. Ja mein Führer, aus eurem Munde spricht große Weisheit. Das unerwartete ist ihre Achilles Verse. Sie sind so hochgerüstet, dass sie nicht merken, wenn sie angegriffen werden. Wie Dinosaurier, denen man die Eier klaut. Ich habe ein Pferd in dem sind diesmal keine großen Krieger, dafür die Büchse der Pandora. Aber der Reihe nach mein allwissender bald allergrößter Führer.

Knack, knack, krrrrrrrr. Tuuuuuuuuuuutt.

P-P (kopfschüttelnd). Hallo Jackie, hörst du mich?

Stille. Die Leitung ist tot. Hans blickt zum Fluss. Er zündet sich eine Zigarette an. Dann gießt er sich Cola nach.

Ping-Pong (flüstert zum Publikum). Sabotage die wollen nicht, dass wir des Rätsels Lösung austauschen. Wahrscheinlich wurde Hansi gerade von einem SWAT-Team platt gemacht.

Ring, Ring, Ding, Ding, Ring, ...

Franz. Hallo?

Hans. Jo ich bin´s, die Leitung hat mal wieder schlapp gemacht, wie die Brücken und Straßen in diesem Land. Verstehst du mich Führer?
Ja gut, denke das war Sabotage. Wir wissen zu viel. Dachte schon die hätten dich gekillt. Wie in dem Film mit Redford die *drei Tage des Condor*.

Brüllendes Gelächter auf beiden Seiten der Lautsprecher. Auf dem Neckar hält ein Kanonen-Boot an und die Besatzung blickt zum Gelächter.

Mister X. Oke, ich mache weiter meine lieber Herr Generalsekretär*in?
P-P. Jawohl Genosse. Vollenden wir das angefangene Werk. Tausend Jahre haben wir gebraucht, um wieder so weit zu sein. Der Drache ist auf dem Sprung.
Mister X. Ja, wir haben es verdient und wir sind auch die einzigen die es können. Ich mache es kurz, denn ich bin später noch eingeladen in das *Benjamins American Diner* bei der Franklin Village. Die USA sind uns in allem überlegen oder ebenbürtig. Das Beste wäre, wir könnten sie überfallen, einen Hinterhalt oder sonst was, aber sie sind zu stark. Wer die Weltmeere kontrolliert, die Adern des Handels, kontrolliert die Welt und ist das Imperium, dazu braucht's Flugzeugträger. Wir haben einen und die Amies 11. Also militärisch wäre es ein Himmelfahrtskommando.

P-P (traurig). Verstehe das scheidet, sozusagen schon mal aus. Aber wir müssen der neue Kampfstern werden. Es ist absolut alternativlos. Ich opfere meine Familie, wenn es sein muss.
Mister X. Genau mein Generalsekretär*in, aber es gibt ja noch die Wirtschaft und Wirtschaftskriege.
P-P. ... Ähäm, das läuft ja schon lange im Hintergrund. Da habe ich fast eine Milliarde Manpower eingesetzt. Gibt es auch etwas, was wir noch zusätzlich anstoßen könnten. Das meinte ich, einen Wunderplan? Eine Zauberwaffe? Sowas wie *Zaddams* fahrende Raketen Transporter mit Giftgas oder wie bei Alice im Wunderland. Ja ich weiß da war manches gelogen, aber darum geht es nicht. We will make it happen! Ich will noch zu Lebzeiten unsterblich werden! Make it real, please! We can do it!

Die Leitung bleibt still. Wie tot. Atmen. Lautes Atmen ist zu hören. Auf dem Neckar rast ein Polizeiboot vorbei.

P-P. Hallo Jackie?
Mister X (muss tief durchatmen, er schwitzt). Uuuuuufffff ... pffffffff... mein Führer eine Möglichkeit sehe ich, aber ich wage fast nicht das auszusprechen.

Kurze Pause. Im Garten geht die Sonne unter. Eva gibt Adam die Schlange. Adam freut sich und legt sie um seinen Hals. Er gibt der Schlange einen Apfel. Pause

ZWEITE SZENE

P-P (energisch mit überschlagener Stimme). Ich befehle dir antworte! Hab keine Angst.
Mister X (nervös). Das amerikanische Gesundheitssystem ist eines der schlechtesten auf der Welt. Es ist zwar am teuersten, aber nicht wegen seiner Qualität. Das bedeutet mit einer Krise kommt es nicht gut zurecht. Selbst jedes europäische Gesundheitssystem ist besser als der USA Schrott.
Es wird noch krasser, viele Leute dort haben gar keine Krankenversicherung und die die eine haben, sind trotzdem nicht ausreichend versichert. Und dann ist da noch der allgemein schlechte Zustand der Volksgesundheit zu beachten. Übergewicht, jede Menge Volkskrankheiten durch *Schnelles Essen.* Sie kennen nicht die Ganzheitliche Medizin. Viele ernähren sich einfach nur von Fertigprodukten, also Dreck, Abfall und dann ist die Lebenserwartung natürlich auch viel geringer als anderswo und die Rechnungen treiben die Patienten in den Rui. … .
P-P (ungehalten). Was geht uns das an? Bei uns ist es besser oke. Unser Gesundheitssystem ist top, aber was soll uns das Nützen, um den Todesstern zu besiegen? Wir müssen in ihr Auge vordringen. In die Mitte. Einen Volltreffer im Munitionsbunker landen Mister X. Jackie

überrasche mich jetzt und enttäusche das Vertrauen nicht, das ich und die Partei in dich gesetzt haben. Sonst kann ich für nichts garantieren.

Jackie Chan öffnet das Fenster. Der Wind weht. Er ist plötzlich kränklich und muss husten.

Mister X (mit heißerer Stimme). Genau das ist ihr wunder Punkt, übrigens auch der unseres Ex-Rivalen *Intyn*. Aber unsere Stärke.
P-P (skeptisch). Sollen wir etwa mit biologischem Kram angreifen. Das Merken die doch, dann Bomben die uns mit ihrer Feuerkraft in die Steinzeit zurück und wir brauchen wieder 1000 Jahre, bis wir so weit sind. Das machen die nämlich mit jedem der hoch kommt und an ihnen vorbeiziehen will. Selbst die EU haben sie platt gemacht, mit dem arabischen Frühling und Subprime. Die wurden nämlich zu stark und ohne deren Eingreifen, wäre Europa, mit seinen 700 Millionen Einwohnern heute das Imperium. Sie wurden betrogen, haben aber auch selbst schuld, denn sie waren nicht achtsam. Europäer sind Gutmenschen.

Jackie Chan raucht am offenen Fenster, lacht und zeigt auf den Horizont. Weit weg ist ein

Steinbruch erkennbar. Hier werden Steine geklopft.

Mister X. Mein G-Punkt-Sekretär*in sie haben so recht, aber wir sind cleverer und das Schicksal und der Kriegsdrache ist auf unserer Seite. Amerika ist schwach, viele Menschen dort leben auf der Straße in Zelten. Das Land ist so korrupt, dass es seine eigenen Bürger dahinvegetieren lässt. Eine verrohte und gierige Gesellschaft durch und durch. Das macht sie im Inneren so verwundbar. Sie bekämpfen auf der ganzen Welt ihre Feinde, aber den inneren Feind, dem widmen sie keine Aufmerksamkeit. Wir höhlen sie von innen heraus aus, wie beim Bergwerk. Wie die kleine Maus den Apfel.

P-P (neugierig). Du scheinst einen guten Plan zu haben. Wir hölen sie aus wie diese Maus den Apfel und tatsächlich ist er nur noch von außen heile. Lege die Karten endlich auf den Tisch. Die Einzelheiten besprechen wir danach.

Mister X (erregt mit bebender Stimme). Ich habe genauestens überlegt und mit allen unseren top Wissenschaftlern, einer Krake und den Strategen gesprochen. Nichts darf auf uns hindeuten. Die USA haben nur eine Schwachstelle und das ist ihr Gesundheitssystem. Hier können wir sie platt machen. Wir brauchen noch nicht mal etwas künstlich Biologisches erfinden, eine ganz einfache Grippe wird sie schon umhauen. Dafür nehmen wir einen gängigen Ziegenpetervirus und modifizieren ihn etwas im Labor, aber das machen wir natürlich, über Fledermäuse und wenn wir den richtigen Virus haben – Bingo, das Spiel geht los. Niemand kann uns Vorwürfe machen. Wir behaupten zum Beispiel, der Erreger kommt von einem gammeligen Burger, ein Lebensmittelskandal bei einer der vielen Burgerketten hier. Die ganze Welt weiß oder glaubt zu wissen, dass Asiaten alles *futtern,* was lebt und die Zustände hier bei uns unappetitlich sind.

Ping-Pong tanzt in seinem Zimmer vor der Karte auf und ab und steckt ein Fähnchen in Washington ein. Er haut mit der Tigerkralle auf die Tapete. Dann redet er durch ein Loch in der Zimmerwand mit Jackie Chan.

P-P (heimlich hinter vorgehaltener Hand). Was noch? Geht dein Plan noch weiter. Was habt ihr noch ausgeheckt. (Lacht, diebisch).
Mister X. Es wird ein Meisterstück. Konfuzius wäre sehr stolz auf uns. Wir müssen das richtig gut planen, wie bei einem Haiku oder einem Kettengedicht. Es soll ganz natürlich wirken und lange nachhallen …

P-P (impulsiv). Genial. Ich werde dir viele Güter schenken.

Ping-Pong zeigt auf Grönland und die neue Welt. Jackie Chan erstarrt vor Glück. Er schaut sich ein Tesla an der gerade unten auf der Straße vorbei fährt.

Mister X (reist sich von seinen Fantasien los). Die alte Welt ist neurotisch, die meisten dort leben im Ich, Ich, Ich, ihre Führer sind eine kleine Ausgabe von *Trumpf.* Die Mehrheit der Gesellschaft dort ist krank. Physisch, wie auch psychisch. Wir können sie manipulieren wie Pandabären mit Bambus. Natürliches Leben ist ihnen fremd. Sie sind entkoppelt von wahrem Dasein und offen für alles was ihnen die Algorithmen suggerieren. Aber wir müssen auch Opfer bringen. Ohne Opfer wird es nicht gehen. Das wäre zu auffällig.

Jackie Chan macht eine Pause. Er meditiert und macht Tai-Chi Bewegungen.

P-P (teilnahmslos über einem Filmplakat von *Das Schweigen der Lämmer*). Das Volk ist bereit. Sie sind bereit, weil wir bereit sind. Die Welt wird grüner. Opfer für das Große Bauwerk unserer Geschichte sind alternativlos. Absolut notwendig. Für die Freiheit, für unseren Führer geben sie ihr

Leben. Wir sind eine Milliarde, die USA gerade mal 300 Millionen, da bleiben immer noch 700 Millionen leidensfähige Bürger übrig. Bereit wenn sie so weit sind Mister X.

Mister X (holt einen Plan raus). Folgenden Ablauf haben wir uns ausgedacht. Die *World Pandemic Organisation* gehört uns und die Regeln für eine Pandemie wurden zu unseren Gunsten geändert. Sobald es läuft, müssen alle mitziehen, die Mitglied sind. Da gibt es kein Abweichen. Wir warten auf einen geeigneten Virus, dann verbreiten wir diesen in der Welt. Wenn wir Wahlen manipulieren können, dann wird das nur halb so schwierig und unsere Cyberarmee ist die beste der Welt. Wir haben viele Verbündete und die USA fast nur Feinde …wir machen noch Bildersturm und wir zeigen gleich die Lösungen. Natürlich nicht wirklich, aber das wird sie zerrfleischen. Wir locken sie in eine Falle wie bei der Varusschlacht. Sie sind nur stark im Kampfverband, aber wir überrumpeln sie wie Arminius.

P-P (zornig). Jaaa, unser Erfolg ist unsere Wut, unsere Entschlossenheit und unsere Ehre. (leiser) Auch etwas Gier und Größenwahn (wieder lauter werdend) Wir müssen uns Rächen. Viele Nationen hegen Groll, denn sie haben schon fast überall gebombt und besitzen in fast jedem Land der Welt Militärbasen. Die USA sind Darth Vader. Das rächt sich, wenn du schwach wirst. Niemand kann sie leiden.

Es erscheint eine Karte mit den Militärbasen der USA. Fast 800 Stützpunkte zeigen sich und blinken auf der Karte, dass der Zuschauerraum hell erleuchtet wird. Dann erscheinen die Basen von Asien. Es zeigt sich eine im Himalaya Gebirge.

P-P (orakelnd). Das wird sich alles bald ändern, dank dir mein lieber Jackie Chan.
Mister X (brüllt). Es geht noch weiter mein großer Manipulator. Wir brauchen lediglich einen Virus, der etwas gefährlicher ist wie ein normaler Ziegenpeter. Nur ein paar Nachkommastellen in der Mortalität und schon geraten ihre Systeme an den Rand eines Abgrundes. Wir dürfen es aber nicht übertreiben, denn für unseren Erfolg brauchen wir die Schultern des Westens. Wie der junge Bronson in dem Film *Für eine Handvoll Dollars*. Unsere Rache, für die jahrhundertelange Schmach, wird gnadenlos sein, aber nicht unfair.
P-P. Das klingt wie eine Bach Suite für mich. Spiele weiter.
Mister X (rennt durchs Zimmer und ruft laut). Den verlorenen Opium Krieg, kriegen sie zurück, mit Nachschlag. Wir werden sie mit ihrer Urangst vor uns hertreiben und unser Volk gleich mit. Sie

werden am Anfang nicht mitspielen wollen, aber sobald die Krankenstationen volllaufen, geht es los. Davor schüren wir ihre Angst mit einem Bilder Tsunami. Wir zeigen schreckliche Szenen aus unseren Krankenhäusern und lassen die Leute krasses Zeug berichten. Das machen wir so lange, bis die Stimmung zum Zerreißen ist, dann gibt es bei uns Zensur und wir bauen die größte Krankenstation der Welt in Rekordzeit. Wenn wir Glück haben, wird alles ein Selbstläufer. Sie werden unsere Maßnahmen kopieren, weil sie keine Antworten haben und sehen, das funktioniert. Wir streben einen riesigen Lockdown an. Weltweit. Sie werden panisch wie die Hasen rennen und ihr Verstand wird nicht mehr funktionieren …
P-P (leise triumphierend). Vielleicht horten sie dann Klopapier, bis sie pleite, bankrott und zum Bürgerkrieg bereit sind.
Mister X (grinst). Das sind sie doch jetzt schon fast.

Lautes Lachen. Beide tanzen Ringelrein in ihren Zimmern.

DRITTE SZENE

Die Freiheitsstatue wird von grölenden Ronald MC Donalds gestürzt.

Mister X (nachdenklich). Es wird Widerstand geben. Hier müssen wir versuchen, dass die Grundrechte so weit wie nur möglich gebrochen werden. Die veralteten Demokratien müssen wanken. Sie sind schon blutleer. Wir geben ihnen den Rest. Aber sie sollen nicht zusammenbrechen. Es sind unsere Absatzmärkte und Theaterbühnen der Zukunft. Wir brechen ihnen sozusagen ein Bein, setzen sie in den Rollstuhl und führen sie sanft und freiwillig in die zweite Reihe.

Ping-Pong hüpft vor Freude. Ein deutscher Schäferhund, der bisher nicht zu erkennen war, kommt freudig angelaufen. Im Garten turnt die hübsche Frau.

P-P (grölend). War das schon alles? Ich erkenne die vielen Möglichkeiten die dieser Bio-Terrorismus, diese Guerilla Taktik für uns hat. Einmal am Drücker, drücken wir sie alle durch das rostige Sieb und sortieren sie neu. Wir werden ihnen den neuen Big-Mc-Virus servieren. Viel schlechter als der bisherige Fraß ist das auch nicht.
Mister X (setzt sich aufs Fensterbrett und lässt die Beine baumeln). Demokratie hat ausgedient. Der

Kapitalismus auch und der Imperialismus wird von uns siegreich beendet. Nein es wird nie mehr aufhören mit dem Ziegenpeter, denn er wird mutieren. Wir treiben sie vor uns her, solange bis sie es blicken, aber dann wird es zu spät sein. Das neue Imperium sind wir dann schon längst. Unser Kampfstern wird zu mächtig sein. Wenn sie erst mal in ihrer Todesangst gefangen sind, dann wird ihr Horizont so klein wie eine Stecknadel. Die Algorithmen machen dann den Rest. Wir machen uns die Verblendung des Westens und seine Gier nach Erfolg und Sicherheit zum Nutzen.

P-P (erschöpft vom Springen). Ich habe noch viele Ideen. Listigen Kram. Angst bringt Finsternis. Wir können dann den Wirtschaftskrieg ganz unverhohlen offen unter dem Deckmantel des Virus führen und alle werden uns Glauben und uns sogar bewundern. Ich habe so viele schrecklich gute Ideen. Die *Rocky Horror Picture Show* lässt grüßen. Wir schließen die Häfen, schicken weniger Güter, die meisten Chips bleiben im asiatischen Raum. Dann werden dort Lieferketten zusammenbrechen und die Kunden müssen andere Produkte Made in Asien kaufen. Wir dämmen dann bei uns den *Peter* knallhart ein, um vor den Mutationen geschützt zu sein. Wir werden das leuchtende Vorbild in der Pandemiebekämpfung. Das wird so geil. Komm mein Freund lass uns auf die Bühne gehen.

Vor den Zimmern steht eine kleine kitschige Bühne. Es sieht aus wie ein buntes Asia Restaurant. Ping-Pong und Mister X singen Karaoke.

»Tsching, Tschang, Tschung,
wir Kinesen lieben Anstrengung.

Wir sind auch fleißig,
und nicht so geizig.

Der Westen war so böse,
jetzt nehmen wir ihm die Größe.

Tausend Jahre mussten wir euch huldigen,
doch nun seid ihr die Schuldigen.

So manche Schmach erduldeten wir tapfer,
doch nun kommt die Farbumkehr.

Wir waren viel zu lange naiv,
jetzt sind wir aufgewacht und aggressiv.

Bei euch schlagen die Uhren fünf nach 12 Dong Dong, dank unserem Führer Ping und Pong.

Den Opiumkrieg haben wir nicht vergessen,
auf das Zeug waren wir dank euch ganz versessen.

Das Heroin kriegt ihr back,
es ist nur etwas gecrackt.

Ganz klein und biologisch,
erscheint's euch doch nur logisch.

Ihr dürft jetzt leiden,
wenn eure Bürger weinen.

Alles was ihr uns angetan,
wird nun krass *zurückgefarn.*

Der Höhepunkt hat euch entzückt,
jetzt fährt die Rolltreppe zurück.

Auflösung und Niedergang,
da geht eure Zukunft lang.

Nicht verzagen und nicht klagen,
wir Asiaten helfen mit Waren.

Unsere Algorithmen leben in eurem Kopf,
so seid ihr ferngelenkt und hohl wie ein Topf.

Die neue *Seidenstrafe* ist bald geschafft,
dann wird auch der Rest zügig gerafft.

Als Teil vom Ganzen herzlich willkommen,
obwohl vom Traum noch etwas abgekommen.

Bald sind wir die Nummer eins,
dann ist alles meins.

Ohne echten Krieg, Bomben und Granaten
dank euch vernarrten,
haben wir ganz unblutig und leicht,
die Spitze erreicht.

Eure Mauer ist zum Glück schon lange weg,
jeder kann rein und nimmt den *Dreg.*

Unsere Mauer steht noch und ist reell,
wie auch unsere Krieger alles *digitell.*

Mit Dekadenz und Hybris habt ihr verschlafen,
und seid verblendet und ohne Heimat Hafen.

Fuji, Tuchi, Saumagen,
bald esst ihr mit Stäbchen gen.

Ping-Pong und Jackie fallen sich in die Arme.

Der Cowboy kämpft erneut mit dem Drachen und unterliegt. Es ertönt liebliche asiatische Musik. Pause.

VIERTE SZENE

Ping-Pong und Mister X sitzen am Tisch in ihren Zimmern und machen Kreuzworträtsel.

Mister X. Erster weltweiter Ziegenpeter-Pandemie-Virus? Mit Z geht's los.
P-P (überlegt). Konfuzius meint, Namen sind Schall und Rauch.

Es klopft bei Ping-Pong. Ein großer dunkel gekleideter General in amerikanischer Uniform bringt ein Fläschchen mit einer leuchtend gelben Flüssigkeit. Darauf steht: Wem nützt das?

P-P (überrascht). Herr Power was gibt es? Neue Lügen, bezüglich dem Eintritt des Nahost Massakers.
Power (entschuldigend, demütig). Nein, nein. Das war mein größter Fehler in meinem Leben. Ich bereue das zutiefst. Aber ich soll das hier abgeben. Hier dieses Fläschchen.

Ping-Pong will es nicht gleich annehmen. Er ist vorsichtig.

P-P. Ist das Nowitschok? Habt ihrs endlich gefunden.

Power (entrüstet). Nein, das nehmen nur die Russen. (Lacht) Das behauptet zumindest Wikipedia.
Er wirft das Fläschchen in Richtung Zimmerdecke. Zieht die Tür zu. Grüßt militärisch und geht. Ping-Pong fängt es nervös, hastig und ängstlich auf.

P-P (untersucht das Zeug). Sieht verdammt gefährlich aus. Warum leuchtet es gelb wie flüssiger Phosphor. Was steht da? Schönes Ziegenpeter Virus, zur Äußeren Anwendung. Einmal freigesetzt nicht wieder umkehrbar. Achtung Panik und Angst vermeiden. Geilllll.

Er ruft bei Jackie Chan an. Dieser sitzt am Fenster und träumt von Ruhm, Ehre und Reichtum.

P-P (gebieterisch). Komm mal rüber schnell. Es geht los!

Jackie klettert an der Fassade wie Spiderman rüber und kommt über den Garten rein. Bringt eine weiße Rose mit.

Mister X (andächtig). Ist es das?
P-P. Ja. Kam grade mit der amerikanischen Post. Wir können loslegen. Brauchen nur noch den

Startpunkt, wie bei Monopoly, das Los Feld. Die Welt wird Augen machen, Angst und Panik werden sich verbreiten und dann, wenn alle aufgehört haben zu heulen und wieder genau hinsehen werden, sind wir das neue Imperium. Das alte wird verglüht sein unter dem Feuer der Scheinheiligkeit.
Mister X. Witzig, dass es die Amies liefern. Das hätte ich nicht erwartet. Selbstzerstörung.
P-P. *Hidler* hatte auch amerikanische Geschäftsfreunde. Irgendwer will immer mitverdienen und das klappt in Friedenszeiten nicht so gut. Das Zeug hier ist wie das Märchen vom Süßen Brei. Es hört nicht mehr auf. Man bräuchte ein Zauberwort, um es zu stoppen. Wie wäre es mit Vernunft?

Jackie Chan. Oder Pfad des Herzens oder Zusammenhalt oder …
Turnerin (macht halbnackt Yoga im Garten).
Mister X. … das war der Sonnengruß.

Jackie Chan ist verdutzt und abgelenkt. Ping-Pong wirft den zähflüssigen Schleim auf Mister X

Ping-Pong. Du bist der erste. Noch mehr Ruhm für dich.

Jackie leuchtet ab jetzt. Er strahlt. Hat einen Lampenschirm auf dem Kopf. Ping-Pong hält Abstand.

Mister X (hustet). Danke Genosse Generalsekretär*in, mein Führer. Wir werden es ihnen heimzahlen. Und wir werden die Welt friedlicher regieren.

Ping-Pong zieht sich eine Maske auf, wie Hannibal Lecter.

Ping-Pong. Jawohl, sehr weise gesprochen. Das Ende aller Kriege naht. Ganz nach Hobbes werden wir der neue Welt Leviatan werden. Totale Überwachung und Sanktionierung für jeden, der nicht mitmacht.
Mister X. Für was die Maske. Der geile Virus geht doch überall durch?
Ping-Pong. Als Erkennungszeichen und Marketinggag. Schreite zur Tat. Deine Schritte sind wie Armstrongs Mondlandung.

Mister X verbeugt sich vor seinem Führer und geht hustend durchs Publikum.

Ping-Pong steht vor der Weltkarte und macht neue Fähnchen rein. Dann dreht er sich um und singt.

Ping-Pong (fröhlich).
Ich bin der größte,
obwohl ich nicht der größte bin.
Niemand kann uns mehr aufhalten.
Bald gibt es *die große Krankheit* überall
und Panik und Gier.

Alles soll in Chaos versinken,
nur hinter der Mauer bleibt es ruhig
und dann, wenn alles krank und
im Luckydown ist
liefern wir Schutzmasken
und Ideologie.
Wir sind die Größten,
obwohl wir nicht die Größten sind.

Asien ist der neue Todesstern,
die Yedies haben verloren
und der Mond und alle Sterne
ach, das ganze Universu-um
drehen sich um uns her-um.
Asien wird riesengroß,
weil wir die Schlau-usten sind.

Tsching, Tschang, Tschung,
Pling, Plang, Plung,
Rippchen mit Kraut,
Lewerknöddel und

Saumagennnnn mit Reis.

Ping-Pong und auch Jackie Chan sind erschöpft und fallen in ihre Betten.

FÜNFTE SZENE

Beide liegen noch im Bett. Auf der Bühne bleibt es still. Dann ein Räuspern.

Hans (im Dunkeln). Also das Punktesystem fand ich besser. Es hatte was Aufbauendes. Das hier war deprimierend. Ich glaube ja schon, dass die einen wie die anderen zum Machterhalt zu allem bereit sind. Traue hier aber den Amis mehr zu. Schau doch mal auf denen ihre letzten Kriege. Mit 400 Millionen Dollar Fliegern haben die Afghanistan bombardiert.
Franz. Sie mussten doch Osama vor neuen Anschlägen abhalten.
Hans. Schon aber gebracht hat es nichts, er konnte einfach weitermachen und glaubst du bei den brutalen Bombardements haben sie nur Bösewichte ausgeschaltet?
Franz. Nein, sehr wahrscheinlich sterben bei den ganzen Konflikten oft mehr unschuldige Frauen, Kinder, Menschen als Soldaten?
Hans. Aber die anderen sind auch nicht besser. Denke doch mal an das Massaker *am Platz des himmlischen Friedens* oder was mit den Uiguren passiert.
Franz. Gut beide Seiten kennen keine Skrupel. Krieg ist Massenmord, wie bei der Fließbandschlachtung.

Hans. Pflichte dir bei, aber würden die so weit gehen und einen Virus egal ob gebastelt oder wild auf die Menschheit loslassen und eigene Verluste in Kauf nehmen? Und dann weißt du noch nicht Mal wie das Ausgehen wird.
Franz. Ich bin bei dir, das ist unvorstellbar. Aber die Bomben auf Nagasaki und Hiroshima sind für mich auch heute noch nicht denkbar. Dass das passiert ist? Weißt du wie viele Opfer das waren. Nur dieser kurze Moment?
Hans. Moment ich schaue kurz beim von Laien betriebenen online Lexikon *Wir basteln bestimmte Meinungen.*

Donnerhall. Dann ertönt von Beethoven der Walkürenritt.

Hans (traurig und gerührt). So fast 200.000 Opfer mit zwei Bomben Namens fat man und little boy. Ich bin schockiert. Warum tut der Mensch das? Diese Grausamkeit und das schon über alle Zeiten.
Franz. Kennst du das Foto von dem Mädchen? Es ging damals um die Welt. Schrecklich dieser Schmerz. Sie rennt nackt auf der Straße und Schreit.
Hans. Das bekam einen Preis. Die wussten ja gar nicht wie ihnen geschieht.

Hans steht auf und wendet sich dem Publikum zu.

Hans (ruft über die Köpfe). Warum tun wir das? Immer wieder. Alle machen mit. Jede Institution ist dabei. Sie predigen Frieden und bringen den Tod.
Franz. Wir sind eine Gesellschaft, die andere in ihrem Leid, ihrer Not beobachtet. Ungeheuerlich reich, wollen wir nichts abgeben und die anderen in ihrer Armut und ihrem Hunger treiben lassen.

Eine Frau tritt auf und stellt sich als Hannah A. vor. Sie wäre dem Holocaust entkommen.

Hannah A. Dem Menschen ist es nicht vergönnt, in Frieden sein Dasein zu bestreiten. Ich mache es mir ganz einfach. Es hat bisher mit den ausprobierten Systemen und Ansätzen nicht funktioniert und es scheint unwahrscheinlich, dass wenn wir die bewährten Strategien weiterfahren, irgendwas besser wird.

Hans und Franz nicken zustimmend.

Hannah A (rauchend). Alles weitere spare ich mir und verweise hier nur noch kurz auf den Angelus Novus von Klee. Ohne Revolution wird sich nichts ändern. Das Beste wäre ein Neustart ...
Franz (dazwischen brüllend). Der Great Reset?

Hannah A (unbeeindruckt, aber lächelnd). Nein, nach dem Reset kommt doch das alte wieder, denn es ist abgespeichert. Wir müssen löschen. Die Festplatten, damit meine ich unsere Gehirne. Formatieren. Danach brauchen wir neue Gebote und Algorithmen:

1. Zweifeln und Kritik werden zum Ideal.
2. Wollen wird abgeschafft.
3. Es gibt keine Sicherheiten mehr.
4. Alle sind gleich.
5. Staaten, Kulturen, Grenzen, Religion, Ideologien vorbei.
6. Das Haben hat keinen Wert mehr (alle 5 Jahre muss jeder alles hergeben)
7. Das vernünftige SEIN ist Zweck (Achtsamkeit).
8. Ideen werden abgeschafft.
9. Die Natur ist heilig.
10. Die Zeit wird abgeschafft.
11. Liebe wird wieder eingeführt.

Hannah A. raucht und läuft umher. Sieht sich in den Zimmern um und macht sich Notizen.

Hans (leise zu Franz). Diese Olle *Querdenkerin*. Aufhören zu wollen, alle sind gleich so ein Quatsch. Was sollen wir denn mit unserer Zeit anfangen, wenn nicht arbeiten und konsumieren.

So ist's doch das Beste, alle wissen was zu tun ist und können nicht so viel nachdenken, weil der Einzelne, das große und ganze gar nicht verstehen tut.

Franz (noch im Bett liegend). Ich glaube ja, dass der Mensch seiner Natur entrückt ist. So ähnlich wie entwurzelt. Vielleicht ein Unfall der Natur, wie das Virus. Ein Ausrutscher. Aber in einer endlichen Welt, mit endlichen Ressourcen, den Sinn im Konsum zu sehen halte ich für unseriös und falsch. Da brauche ich kein Wissenschaftler zu sein. Irgendwann ist Schluss. Alles verbraucht.

Hans läuft ins Zimmer von Franz tastend, denn es gibt nur schummriges Licht.

Hans (sich auf das Bett von Franz setzend). Ich will nichts abgeben von meinen Pfründen. Eher mache ich den Krieg mit. Ich will weiter Motorrad fahren und Curry Wurst essen. Meine Psyche ist zwar durcheinander und mein Körper kaputt, aber das kümmert mich nicht. Jeder hat das Recht so zu leben, wie er will.

Hannah A (energisch). Jetzt nicht mehr. Eine Gesellschaft bestimmt, wie sie zusammenleben möchte. Jeder hat das gleiche Gehirn oder ist es sogar ein Gehirn. Also kann auch jeder Einfluss nehmen. Das Problem beim Menschen ist, er sieht nicht genau hin.

Der Mensch ist ein zweckloses Wesen. Alle anderen haben einen eingebauten Autopiloten. Die Biene, weiß von Geburt an was zu tun ist. Wir wissen gar nichts und deshalb kommen wir auf dumme Gedanken und suchen ständig nach Sicherheiten, die uns helfen unser Dasein zu erklären, zu ertragen und angenehm zu machen. Da das aber jeder will gibt es Konflikte. Da wir immer mehr werden, sich das Maschinendenken verselbstständigt, werden auch die Kriege immer grausamer. Maschinenmenschen, mit Maschinenleben und Maschinenherzen. Und ich glaube mittlerweile ist auch die Natur gegen uns und seit den Massenvernichtungslagern, also dem industriellen Töten von Menschen und Tieren, wurde ein Tipping Point überschritten, an dessen Ende die Auslöschung der gesamten Menschheit steht.

Hanna A. tritt ab. Sie nimmt den Aschenbecher mit.

Hans (kopfschüttelnd). Die hat sie doch nicht mehr alle. Eine Verschwörungstante. Der Mensch ist wie eine Kakerlake, es wird ihn immer geben. Wir sind doch keine doofen Dinos oder Osterinselbewohner. Der technologische Fortschritt wird uns retten. Er wird alle Probleme lösen. Das CO2 pumpen wird dahin, wo vorher

das Gas war. Eine Win-win Situation. Den Rest kriegen wir auch hin.
Franz (sich im Bett aufrichtend). Jaja und die Hitze schicken wir zurück in den Weltraum und heizen den Mond auf, damit wir dort besser leben können. Aber mal in Echt, reale Realität sozusagen. Ich kann mir zwei Dinge nicht vorstellen. Erstens, dass die Menschheit die Kurve kriegt und was besser macht und zweitens, das mit dem ZP (Ziegenpeter), dass das Absicht war. Nein, beim Giftgas Anschlag in England schon, aber so doch nicht jetzt. Die Gefahr ist zu groß.
Hans. Der Große Frieden. Nö, das wird nie kommen und die andere Sache ist schon da. Wer hier der Terrorist ist, Mensch oder Natur ist doch wurscht. Viele verdienen dran und oben werden sie noch reicher, das war doch das Ziel. Die unten, die Unterirdischen kontrollieren, denn wir sind zu viele geworden und zu wohlhabend, das Bauen die jetzt wieder um. Ein Schweinezyklus, damit wir immer beschäftigt sind.
Franz (frohlockend). Ein Gutes gibt's noch. Die brauchen uns. Sie können uns gar nicht alle platt machen. Wir müssen konsumieren und deshalb werden wir immer Geld haben, egal ob wir Arbeiten oder nicht.
Hans (spöttisch). Einer der 200 Milliarden hat und nix abgibt, braucht der noch eine oder will der eher Macht?

Franz. Hast recht, wir Könnens nicht aufdröseln. Aber eins ist unumstritten denen ganz ganz oben, spielt es immer in die Karten. Ist ein Naturgesetz.
Hans. Einstein hat die Naturgesetze auf den Kopf gestellt.
Franz. Das ist die Lösung, wir brauchen einen neuen Einstein. Einer der sagt wo's lang geht. Einer der mal ehrlich ist und eine gute Idee hat. Der reflektiert und uns wieder zu Menschen macht.
Hans. Sowas wie einen neuen Messias.
Franz (steht endlich auf und läuft im Schlafanzug umher). Ich weiß auch wer das sein wird. Sowas wie Watson der Quantencomputer er ist, unbestechlich und kann enorm viel nachdenken. Er wird Lösungen wissen. Der hat schon den Schachweltmeister bezwungen.
Hans. Das ist es. Das müssen wir feiern. Der Menschheit steht eine neue Zeit bevor, eine digitale Zeit, in der es endlich mal vernünftig zugehen wird.

Langsam gehen die Lichter aus.

Ein alter Mann mit langem Bart läuft während der Verabschiedung der Schauspieler vor diese. Er erinnert an Sokrates.

Alter Mann (schreibt eine SMS ans Publikum). Tatsächlich blinken die Handys kurz danach auf. In Griechisch steht da die Textnachricht:

EGAL WAS DU TUST, DU WIRST ES BEREUEN.

Der letzte Traum

23. Juni, gg. 19:31 Uhr da war er plötzlich da,
wie ein Sperr von einem Neandertaler durchbohrte
er mich.

Mir war klar ich will an den Weststrand,
einfach dort hinlegen,
aufs mehr blicken,
den Wind spüren,
FKK,
Salz Geschmack liegt in der Luft.
Die Würze des Lebens.

Am Horizont geht die Sonne unter,
Tequila Sunrise in total echt
und geiler.

Ein Wunsch bitte!
Okay, ihre Bestellung?
Lass mich hier und jetzt einschlafen, bitte!

Einfach nur so rumficken

Eine sehr gute Bekannte von mir,
mit der ich so gerne fickte
und die immer bereit war,
aber leider auch immer mehr wollte
als einfach nur ficken,
war mal wieder sauer auf mich
und

schrieb mir ein paar nette Zeilen:

»Es ist so wie ich dich erlebe. Der Hass
auf uns Frauen sei es Pippi, ich oder Mutter stellt
sich oft so dar, wie ich es mit dir selbst erfahre.
Du willst nur ficken, ohne Verantwortung.
Die Zurückhaltung die du dir auferlegst, weil du
sonst wohl
bereit wärst zu „töten“, war oft deutlich als
brutale Gewalt zu spüren nur unter dem
Deckmantel der Beherrschung.
Denn nichts verachtest du mehr als
Gefühlsausbrüche.«

Das war harter Tobak. Aber wahrscheinlich hatte
sie recht.
Ich könnte töten – wir alle töten ständig.
Bin ich ein Ladykiller?

Aber gerade die brutalen,
die Killer,
ficken richtig gut, denn sie sind
skrupellos.

Autorität

Das Leben ist so unsicher, diese
URANGST,
kann einem echt fertig machen und
dann noch der ganze Rest.
Zum Glück haben wir das VERGNÜGEN
erfunden.
Die SARS-Generation ist so brav
und
dankbar und gelehrig.
Es lebt sich doch auch viel besser mit all dem
LUXUS, wenn man
AUTORITÄTEN
hat, die sagen, wo es lang geht.

Wie ich mal Therapeut wurde

Sie hatten mich mal wieder eingeliefert,
in eine Irrenanstalt, im Allgäu
– im schönen kalten finsteren Herz der Adelegg
und ich wartete im Zimmer auf meinen
Therapeuten (Nervenarzt).

Sein Name; Dr. Ocean.
War wirklich so ausgeglichen wie das Stille Meer.
Dann ging die Türe auf
und eine Type wie Einstein,
mit wirrem Blick schoss ins Zimmer.

»Dr. Ocean ich brauche dringend einen Rat von
ihnen.«

Ich überlegte kurz, die Situation gefiel mir nicht.
Einstein schien verzweifelt,
aber ich brauchte meine Sitzung auch
und ich hatte Angst,
dass der, weil ein dringenderer Fall vorgezogen
wurde.

Ich habe gleich Sitzung begann ich,
wo ist das Problem?

»Bin grade angekommen und fühle mich
miserabel.

Ich blicke ständig zurück und mein Leben war beschissen bisher.«

Oke sagte ich ein kleiner Tipp:
»der liebe Gott hat die Augen vorne angebracht, weil er nicht wollte, dass wir zurückblicken. Augen sind vorne, es geht immer vorwärts – Basta.«

Der Mann strahlte als hätte er die Relativitätstheorie gefunden.
»Vielen Dank«, er verneigte sich und dann verschwand er.

Ich hatte ihn nie mehr wieder gesehen, schätzungsweise ist er gleich wieder abgereist.

Seit diesem Moment berate ich auch meine Freunde und Bekannten. Manchmal gibt es Tränen.

Das Kameradenschwein

Hans stand es ganz oben,
immer wieder Einsätze am Wochenende
und außerhalb der Dienstzeit,
ständig brauchten die irgendwo Heras-Gitter
und Lichtsäulen,
damit irgendjemand seine verschissenen

GRUNDRECHTE

warnehmen konnte.
Doch meinem Kumpel Hans stand es ganz oben,
er brauchte mal Pause, Erholung,
er war schon angezählt.

Die Arschgeigen oben,
hatten die Bereitschaft gekippt.
Zu teuer,
dafür wurden die Jungs jetzt in ihrer FREIZEIT
angerufen.

Es kam zur Palastrevolte,
ein Tag an dem keiner ans Telefon ging
und jeder ablehnte – Hurra, wie GEIL ist das.
Plenum.
Jetzt waren sie richtig gefickt, diese knausrigen A. Scrooges.

Eine von Ihnen eine ganz eifrige war im Urlaub,
die riefen sie als letzten an – Notnagel.
Sie sollte den LIMA KW fahren.

Alle Mann standen zusammen wie ein Guss.
Es war ein Streik ohne Versammlung,
ohne Anmeldung, ohne Leiter,
sowas wie'ne Demo unter Beamten halt.

Dürfen die ja nicht, aber NEIN sagen schon.
GRUNDRECHTE halt.

Anja kam aus dem Urlaub und fuhr das Ding, lies
es leuchten.
Karriere geil und bigott – eine Kameraden-SAU!
Anja halt.
Alle waren mächtig sauer.

Paar Wochen später war alles
vergessen.

Immerrot sucht LIEBE

Ich weiß nicht warum, dass immer wieder passierte.
Erst machen sie mit dir Schluss
Und ein paar Jahre später,
kommen sie wieder angelaufen,
säuseln was von großer LIEBE damals
und wie verliebt sie waren
und wie sie dich beim Baden
am Stollen angehimmelt hatten.
Scheiße warum hatte ich das nie bemerkt.
Weil du damals ein verdammter Stier warst,
wie alle jungen Männer,
ferngelenkt durch Testosteron
und andere Hormone,
unfähig auch nur einen liebevollen Gedanken zu produzieren.
Jetzt geht das Testosteron langsam zur Neige,
das Blut rauscht auch nicht mehr so dolle,
die Adern sind verklumpt, der Riemen faltig
und dir wird klar es gibt *da was*, (das nennt) sich LIEBE.
Aber davon hast du keine Ahnung,
die Weiber schätzungsweise schon
und je älter sie werden, desto mehr LIEBE brauchts.
Aber LIEBE ist nicht dein Ding,
Immerrot wollte mit mir zusammen sein,

sie könne sich eine Partnerschaft vorstellen.
Fast dreißig Jahre war unsere letzte her.
Sie schien immer noch verliebt,
warum hatte sie dann Schluss gemacht
und einen Junkie abbekommen,
mit dem's nicht hielt.
Mit Braunem lässt sich keine Beziehung formen.
Mittlerweile war sie gut situiert,
lebte in einer Villa.
Aber ich hatte keinen Bock,
eine Beziehung bedeutet für einen Mann,
immer: einen Stellungsbefehl bekommen.
LIEBE hin oder her.
Es korrumpiert dich.
Man war dann ein Soldat der LIEBE
und musste gehorchen.
Tu dies, mach das, *sauge, putze, küsse, vögel* mich,
sei *zärtlich*, das hast du nicht richtig gemacht,
rasiere dich,
das könntest du *mal tun*, der Nachbar *macht es so*, *bau* bitte die Möbel auf, lass uns mal um *dekorieren, grillen* das machst du gut,
magst du *Yoga mitmachen*, lass mich *fahren*, wir brauchen neues Auto, *leckst du mich bitte*, das Geschirr, die Wasserkästen, der Hahn *tropft*, du brauchst mal was *Schickes*, du *riechst*, nein kein Schweinefleisch, *trink* nicht so viel, *geh weg* mit

deiner Bierfahne, ich *schreie* rum, wie ich will
und wies mir passt, du bist hier nur der

HAUSMEISTER.

Dieser Job verfolgte mich, wie die *Pussys* und der
Alkohol.
Beides mochte ich nicht, aber das eine beruhigte
mich wenigstens.
Damals dachte ich,
da war ich noch blöd genug,
da hättest du mich haben können.

*Ich war jung, naiv und meistens steif, treu und
lieblos, dafür fleißig und geil.*

Jetzt bin ich alt, durchtrieben, noch geiler, untreu,
ohne Moral, faul und weiß was LIEBE in der
Theorie bedeutet – nämlich den anderen
auszunutzen wie die Mistel die Birke oder die
Zecke ihr Opfer.
Gott liebt mich das reicht und ich liebe versaute
Sachen machen und meine Moral ist vom vielen
Alkohol zersetzt und zerfressen worden.
Immerrot war traurig, dass ich ablehnte.
Seither sind wir gute Freunde und vögeln
regelmäßig.

(Abb.2)

Bigotterie + Chips + Bier

Ich liebe Chips.
Ich liebe Bier.
Ich scheiß auf die verdammte Scheinheiligkeit.
I don´t like the Glotze,

weil sie dich verdummt und ich einfach zu viele
Leichen davor aufsammeln musste.
Das Programm tötet, vielleicht gibt es
versteckte Botschaften, sowas wie satanische
Ferse, die
wir aber beim Betrachten so gar nicht warnehmen,
so ähnlich wie in dem Streifen von Carpenter
Sie Leben! Die meisten von uns
brauchen doch nur noch
die Couch, Chips, Bier und die
Glotze.
Den Rest machen die Außerirdischen, die
Eliten, die Wagenlenker, die Schäfer, die
Metzger.
Für mich sieht das Leben von vielen, eher wie
die HÖLLE aus.
So tumb und so fatalistisch. Ich mag nachdenken,
aber jetzt trinke ich erst mal ein
Bioweizen und esse ein Tüte organic Paprika
Chips.

Die Frau vom Amt

»Also sie wollen mir sagen,
dass meine Zahn-OP in Ordnung war
und sie die auch bezahlt hätten?«
»Ja.«
»Aber ich hätte vorher diesen Antrag stellen müssen?«
»Ja.«
»Es war das erste Mal für mich.
Ich wusste das nicht. Tut mir leid.
Ich will ihnen keine Schwierigkeiten machen.
Ich hatte große Schmerzen, das war eine Not-Sache.«
»Ich kann da nichts tun, die Vorschriften.«
»Das ist Schade, ich hätte die 3.500 Euro dringen gebraucht.«
Schweigen. Die Lady regt mich auf mit ihren Scheiß Paragraphen und ihren noch beschissenen Vorschriften. Aber ich muss um Himmels Willen ruhig bleiben, sonst geht gar nichts. Sonst schaufle ich mir mein eigenes Grab.«
»Da ist nichts mehr zu machen? Sie müssten und würden eigentlich zahlen, aber vor der Not-OP hätten sie diesen Antrag gebraucht?«
»Genau.«
»Ich wünsche ihnen, dass sie mal in eine ähnliche Situation kommen. In eine Notlage und dann jemand sagt, geht nicht, kann ihnen nicht helfen –

die Vorschriften, dann appellieren sie an seine Barmherzigkeit wie ich grade eben bei ihnen und dann wünsche ich ihnen, dass sie an mich denken, an uns, an dieses Gespräch, meine Notlage, „i need the money“ und dann wünsche ich ihnen weiter, dass sie Barmherzigkeit erfahren und die Person ihnen hilft und sie danach wieder an mich und unsere gemeinsame Sache hier denken und dann wünsche ich mir noch weiter, dass am Tag des jüngsten Gerichts, wenn unser aller Richter richtet, sie sagen es tut mir leid, wegen damals, das war nicht richtig und Gott antwortet: Alles Oke, der andere war schon da, er meinte ich solle das von ihrer Liste streichen. Auf Wiederhören und einen schönen Advent.«

In diesem Jahr musste ich ein großes Minus verbuchen.

Ich kann doch nichts dafür (Suizid 2)

Ein Tag wie jeder andere auch.
Wie immer warteten wir im Sumpf,
darauf dass das Telefon klingelt
und einer was meldete,
zum Bsp.
  eine Vergewaltigung,
  oder einen Raub, oder, oder, Ode an oder,
  oder ein vermisstes Kind,
die Heimkinder, waren ständig ausgebüxt,
es muss schrecklich in den Heimen zugehen,
dass die immer abhauen,
  oder einen Banküberfall oder zwei
  oder halt eine gammelige Leiche.
Noch war nichts da, das warten war am SCHLIMMSTEN,
es lag eine irre Anspannung in der Luft.
Alles war noch so friedlich,
aber man wusste es besser,
der Horror war immer da,
das Böse schlief nie. Man sah es nur nicht immer sofort. Manchmal tarnte es sich auch. Zog sich einen Anzug an.
Es würde kommen bald, das war so sicher wie die Steuer und der Tod.
Ohne Arbeit war es langweilig,
mit Arbeit kamen die Gräuel,
deshalb hatte ich es mir verboten Aufträge herbeizusehnen,
andere nicht.
Ring, Ring, Ring, es klingelte.

»Hallo, KDD, Kommissar Hans ….«
»Revier Neckarstadt, C-Schicht, Susanne, wir haben hier paar Eltern, die suchen ihre Tochter. Düfte sich um die vermisste Tote von letzter Nacht handeln, die sich vor den Zug geworfen hat. Das ist euer Fall. Wir haben den Eltern noch nichts gesagt. Wollt ihr das machen oder sollen wir das jetzt erledigen?«
Wäre gut dachte ich, wenn die das machten, aber das wäre auch unfair. Abdrückerei konnte ich nicht leiden. Der Horrorladen war geöffnet. Jemand hatte das Schild an der Türe gedreht:

O P E N please come in!

Jetzt spielte ich Gott oder Teufel oder beides oder spielten die mit mir. Faust erster Teil. Ich war heute der Chef vom Dienst und das war unsere Baustelle, also war das auch mein Job, keiner drängte sich hier gerne vor.
»Nein, lass mal bringt die hier her ich mache das.«
Kurze Ansprache an das Team: »Das Revier bringt uns gleich paar Eltern, die Tote von letzter Nacht ist wahrscheinlich die Tochter von denen. Die wissen das noch nicht. Möchte jemand der Todesengel sein?«
Schweigen, keiner hatte Bock oder wollte diese Rolle spielen. Mir machte es nichts aus, denn mein Herz war damals schon längst zugefroren, wegen der ganzen Schicksale und dem Krieg in dem ich, wir, sich die ganze Gesellschaft befand. Meistens schlugen die Bomben im Ausland ein.

Seit neuestem kamen einige und zündeten hier rum. Das fanden die Killer hier nicht gut. Was für eine Doppelmoral.

Oder verstand ich das nur nicht?

Die Welt ist schlecht dachten viele und zappten um. Ich war der Schichtführer heute und deshalb kam mir die Ehre zu. Man fühlte sich fast wie Mephisto, aber gezwungen. Gleich würde ich das Leben dieser braven Erdenbewohner ruinieren.

So ähnlich wie unsere Bomben in der 3. Welt.

»Guten Tag, nehmen sie bitte Platz, hätten sie mal ein Foto von ihrer Tochter, danke. Ich komme gleich wieder.«
»Hört mal, das Foto und die Tote passt, aber ich will auf Nummer sicher gehen. Hier darf uns kein Fehler unterlaufen. Als Todesengel den falschen Adressaten zu erwischen wäre nicht gut.«
Sozusagen wäre es der Super Gau und würde das eigene Leben verstrahlen.
»Walter, bitte schau dir die Leichenbilder an und versuche die Tätowierung am Po, rauszuarbeiten. Ich will die abgetrennte Gliedmaße nicht mit drauf haben und auch kein Blut. Am besten nur die Tätowierung.«
Walter brachte ein schönes Bild, das Tattoo ein Schmetterling in Groß. Außer noch etwas Haut war da sonst nichts weiter zu erkennen.
»Hallo da bin ich wieder. Schauen sie sich mal bitte dieses Foto an. Hatte ihre Tochter so eine Tätowierung?«

Das Paar bestätigte. Nun war es an der Zeit, die Höflichkeitsfloskeln zu begraben.

Jetzt ging es darum den Speer rauszuholen, anzusetzen und mit einem Ruck tief bis in das Herz zu rammen. Die Worte mussten schneiden wie ein Samurai Schwert. In dem Moment, wo der Kopf durchtrennt ist, blitzschnell, erst eine Millisekunde danach kommt der Schmerz angekrochen so groß wie der K2, aber das Rückenmark ist durchtrennt. Es gibt kein Zurück mehr und der Schmerz kommt nicht mehr im Gehirn an. Das Bewusstsein wird es nie erfahren. Nur das Leid bleibt.

Keinen Zweifel aufkommen lassen. Ich hieb mit aller Gewalt zu.

»Ihre Tochter hat sich gestern Nach vor den ICE Starlight geworfen und war sofort tot, mein Beil….«

Die Hölle öffnete ihre Pforten so weit, dass auch ich diesmal total überrascht wurde. War ich zu langsam. Nein! Es war klar durchtrennt, wie bei einer OP. Ich war betäubt, innerlich zugefroren, alles nur gutes Schauspiel. Fast nie konnte mich auch nur der Funke einer Emotion erreichen. Wir hatten alles richtig gemacht, gut ermittelt, den Fall aufgeklärt und wie üblich die Totenpost überbracht – wie ein Hammerschlag auf dem Ambos musste das laut Lehrbuch sein, damit kein

Unglaube blieb, der Nebel sich für alle lichtete und Klarheit herrschte.

Danach konnte man wieder Floskeln anbringen. Normalerweise. Heute nicht.
SCHREIE und schreckliche Rufe durchzogen unser altes Gemäuer. Die Frau hatte sich auf den Boden geschmissen und ZUCKTE und brüllte WIE ein angefahrenes REH, IM TODESKAMPF, auf einer Landstraße. Mit der Mutter stimmte etwas nicht. Sie war besessen. Der Mann war fassungslos. Ich schwieg und wartete was noch kommen wird, das konnte nicht alles sein. Meine Kollegen hatten sich verdrückt. Ich ging kurz auf den Flur und gab Zeichen, dass sie einen Rettungswagen ordern sollten. Das übliche halt. War nicht immer nötig.
Dann schlug die Stimmung schlagartig um.

Ich erinnerte mich, dass Krankenhäuser immer so schöne Familienzimmer hatten. Da wo die schlechten Nachrichten überbracht wurden – schöne Holzvertäfelungen, Blick ins Grüne, bequeme Sitzmöbel und einfühlsame Bilder. Wir hatten nichts davon zu bieten.

Eine alte Amtsstube, mit Blick auf einen Innenhof, auf große Müllbehälter aus altem zerbeultem Blech. Marode abgewetzte Frankfurter Stühle. Das Holz der Sitzfläche und der Lehne von den Colts BIZARRE zerkratzt, eine dreckige Tastatur, auch speckig, ein verstaubter Bildschirm, weiße schmutzige Wände, kaltes Neonlicht, ein Pin-up Kalender eines

Reifenherstellers, voller Mülleimer, Laserdrucker mit Nummernaufkleber.

Aggression lag in der Luft. Es vibrierte, Blitze zuckten umher. Die Frau hatte sich erhoben und kam mit wütendem Gebrüll und verzerrtem Gesicht, das dringend eine Pause gebraucht hätte auf mich zu. Der erste Schlag traf mich im Gesicht, es schmerzte, etwas Blut tropfte auf den abgewetzten blauen Linoleum Boden, dann kam eine Salve, so wie nur Frauen in der Regel ihre Kinder schlagen.

-Wie damals meine Mutter-

Keine Fäuste, sondern so Schläge mit den flachen Händen. Und das anschließende Kratzen der Nägel. Es traf mich auf der Brust, im Gesicht, am Bauch. Ich wich stumm zurück, ein Tritt voll ans Schienbein, ich wurde fast ohnmächtig vor Schmerz, dann kam der Mann und umklammerte seine Frau. Sie sah in mir wohl Osiris und die Ursache? Ich verließ das Zimmer und ging aufs Klo. Im Flur standen die Kollegen mit Fragendem Blick.

»Alles oke, kommen die Sanis?«

In den Augen meiner Kollegen stand es geschrieben. Es war grauenhaft. Ich sah schrecklich aus. *Der Teufel hatte mir seine Peitsche mehrmals übers Gesicht gezogen.*

Ich ging aufs Klo. Schloss mich ein, machte mich frisch und holte mir erstmal einen runter.

Ich lebte noch, zumindest etwas und mein Stresslevel war grade zu hoch. Mein Job war rum, den Rest konnten die anderen machen. Im Spiegel erkannte ich einen diagonal durch mein Gesicht verlaufenden leicht blutenden größeren Kratzer.

Ich war gezeichnet – ein TODESMAHL?
Scheiß Job, aber irgendwer musste das tun. Einer musste den Müll machen.

,aufsammeln, beseitigen, wegwerfen,
Was blieb war ein Trauma. Jede Nacht höre ich die SCHREIE der Mutter und ihre ANKLAGE AN MICH.

… es tut mir so leid …

(manchmal denke ich, du bist zu weich und schreibst so hart – ein Kontrast)

Der Kotzbrocken

Ich war fit, ich war jung,
doch das war schon lang her.
Die Naivität wich der Altersweisheit.

Zumindest dachte ich das, aber oft wars nur die
Rückkehr der Pubertät.

Je älter ich wurde desto mehr redete ich.
Am Anfang fanden mich immer alle toll.
Hingen an meinen Lippen. Da ist mal einer der
redet anders. So direkt, auf Asphaltniveau.

Schmutz zieht an.

Doch nach kurzer Zeit,
fanden mich die meisten Scheiße,
zu moralisch und zu krasse Meinungen.

Die Sprache zu direkt an der Realität des
Erahnten.

Die Wahrheit konnten sie nicht ertragen,
wollten sie fast nie hören.

Alle haben und hatten
<u>BLUT AN DEN HÄNDEN.</u>
Jetzt war ich der *Kotzbrocken*,

der den Finger in die Wunde legt
und dem inneren Kind den Maulkorb
aufzieht – und ihm mal paar
Watschen verpasst.

Weg mit der Kippe dafür bist du noch zu jung.
Selbst intelligente Menschen, rechtfertigen ihr
Barbarisches Tun, oft auf Kindergartenlevel.

Ich konnte kotzen bei so viel
Selbstgefälligkeit, deshalb
suchte ich mir meistens eine Stille Ecke und
trank und beobachtete nur. Kein Bock mehr auf
Kindergartentalk.

Dystopie

WIR PROVIZIEREN UNSEREN EIGENEN
UNTERGANG. EIGENTLICH VERBIETET DIE
BIBEL DAS.

Der lauteste Baum

So ein geiler Tag,
ich hatte wieder mal ein Buchprojekt beendet.
Zum Schluss arbeitete ich 20 Stunden,
daran, TÄGLICH, wie Michelangelo am David,
ich war zwar kein Kreidemonster,
aber ein Tinten- oder Buchstabenkiller,
ein Besessener, manisch am Schreiben.

Ich musste raus hatte Lagerkoller.
Draußen war es bewölkt, ein lauer warmer Wind wehte,
ein paar km mehr, eine kleine Böe und es wurde kühl,
Ich ging zu meinem Lieblingscafé in Barth.
Es war zu, es war schon wieder MONTAG geworden
Ruhetag.
Da setzte ich mich unter die *Dorf Linde* auf dem Marktplatz,
beim sozialist. Fischbrunnen.
Es war so friedlich,
alles ging gemächlich seinen Gang.
Die Ostsee-Radler, die Restaurant Besucher im *Eshramo*,
die Eislecker, die Kurzzeit Parker, die nackten meist hässlichen Beine,
dann wurde es Windstill und ich hörte die Linde.

Tausende von Bienen und Hummeln und Fliegen,
unbekannte Flügelpaare mit länglichen Körpern,
waren berauscht von ihrem Blütenduft
und ich beobachtete wie jeder kräftige Windstoß
hunderte von Insekten kurz nach oben wehte,
damit diese danach wie Junkies zur Spritze
zurückkamen
und erneut in die Blüten tauchten.

Da konnte ich auch nicht an mich halten und
holte mein Mc Book raus aus der roten
zerschlissenen Radtasche mit nur noch einem
Verschluss,
und schrieb diese Zeilen.

Die Pause war damit beendet. Der Schreibzwang
hatte wieder die Oberhand.

Wenn ich tot bin, resümierte ich,
dann kann ich wohl noch lange genug
rasten.

Immer Stress mit den Ladys

Warum kann man nicht einfach so
zusammenleben,
in Frieden und so vor sich hin.
Bierchen trinken, bisschen Fussball
und ab und zu ein guter oder auch schlechter Elfer
– BUMS,

wen interessiert das schon?
Immer ist irgendjemand unzufrieden.
Wenn's nicht dein Hasi ist dann sind es
sehr wahrscheinlich die Kinder,
die ein neues I-Phone wollen.

Also malochen, Kohle nach Hause schaufeln,
ab und zu ein Bier, während die anderen shoppen.
Mehr gönnen sie dir nicht.
Scheiße nur, dass das nie aufhört
und die Wünsche und der Stress immer größer
werden.

Wenn du was dagegen sagst,
sei doch mal zufrieden,
wir haben doch alles oder
geht doch mal in Wald, etwas spazieren,
das kostet nix, dann
bist du der Arsch.
Ein Spielverderber und viel zu streng.

Du weißt schon dass du das größte Problem hast
und ich hoffe das ist dir klar.

»Oke Schatz! Was sollte ich tun deiner Meinung
nach?«
»Sauf nicht so viel Bier und
such dir noch'nen Nebenjob,
vielleicht an der Tanke.«

Klingt eigentlich ganz vernünftig,
da könnte ich gleich auf Arbeit saufen
und dann mit der Kohle nach Hause kommen und
wedeln:

»Baby erst wenn du deinen Arsch rumdrehst,
dann kriegst du das Geld.«

quallen am strand
das ICH ganz
durchschaubar

Sexsucht

Eine gute Bekannte erklärte neulich,
ganz beiläufig, ich hatte ihr ein Buch mit
Widmung zukommen lassen und noch
ein kleines Geschenk,
dass ich wohl ein ganz passabler Bursche in
ihren Augen sei,
nett und toll,
aber etwas Besessen von Sex.
Ich fand das traf es nicht annährend,
aber ich wollte nicht argumentieren. Erstens
war ich Sexsüchtig und zweitens
weder nett noch adrett.
Einfach ein typischer Mann, rau,
tumb und überzogen mit Zuckerwasser um
die Bienchen anzulocken.

liebe ist
nicht gleichzusetzen mit 6
6 mal 6 ist die
hohe kunst der mathematik
liebemachen auch

Niemals Männer

Wenn ich ´ne Frau wäre,
dann würde ich mir niemals einen Mann
freiwillig,
an´s Bein binden.
Dazwischen auch nur kurz.
Männer sind einfach *widerlich.*
Tumbe, stumpfe und *laute* Gesellen oder
Weicheier, weichgespülte Softies mit Vollbart.
Der gute Mittelweg ist bei denen noch nicht
angelegt.

Dreckig, reißen üble Witze, haben wenig
Fingerspitzen,
stinken, sind ehrgeizig, oft dämlich, jammern
immer rum,
kriegen einen Bierbauch, leiden an Größenwahn,
halten sich
für unwiderstehlich, knallen alles was ihnen vor
die Flinte kommt,

Es gibt nur einen Grund für einen Mann?
Das Gurkenglas!
Im Supermarkt gibt es seit neuestem,
aber auch so kleine Gurken in der
Gemüseabteilung.
Also Ende für das männliche Geschlecht.
Das war´s Jungs, ihr seid raus.
Selbst schuld! Seit halt zu
blöd und uncool.

Kriege macht die KI seit neuestem auch viel besser,
den Rest erledigen die Rooo-booter.
Wir lieben die Rooobooterrr, Ding, Ding, Ding, Pling – MÄNNER sind DOOF!

Wissenschaft …

… ist wie Krieg. Manchmal bekämpfen sich die Wissenschaftler mit verbalen Messern, bis aufs Blut. Sie hassen sich gegenseitig, wie im echten Krieg. Es gibt Massaker. Meistens bekommt *Otto-Normalo* davon nichts mit. Beim Stromkrieg war das anders. Durchgesetzt hat sich die Technik, bei der große Kraftwerke, den Strom erzeugen.

Warum eigentlich? Heute suchen viele die Insellösungen. Wer im Krieg gewinnt, behält am Ende recht. Im Mittelalter nannten sie das Fügung. Oft war das Schicksal auf Seiten der Mächtigeren. Macht erreicht man durch Geld und Kontrolle. Machtlos *sindmeistdieArmen*, die Kleinen-Leute.
Bsp.: VHS Cassette, Beta 2000, Digitalfotografie, H1N1, Verbrennungsmotor, die Conti's, der Opioidkrise, Oxycontin, Oxycodon, ETC.ETC.

Die macht mich nervös

Ich liebe es in der Natur zu sitzen
und Gedichte zu schreiben. Die lieblichen
Geräusche der Amsel oder das schreien der
Möwen, inspirieren mich.

Auch das Gebrüll der Kinder am Strand.
Die Klingel der Darssbahn.
Das Vibrieren meines Handys (steht immer auf
lautlos).
Das Gemurmel der Leute.
Öffentliche Toiletten nicht (bissel doch).

Aber ein Tier bringt die ganze Ruhe raus.
Sowas hektisches und dieses nervöse Surren
dabei. Ich kann die Schmeißfliege nicht leiden,
die machen mich mega nervös und sie
kitzeln.

Sie ist auch kein großer Flugkünstler.
Mit der Stubenfliege ist es
ähnlich!

Das Einzige was mich fasziniert, ist das die an
ihren Beinchen Saugnäpfe besitzen und sie
deshalb wie Spiderman über die Fenster krabbeln,
als
wären sie waagrecht und dass sie ihre
Eier in tote Körper ablegen. Das
finde ich schlau und extrem
Minimalistisch gedacht.

Der FC Barcelona wird bevorzugt

Beim Edeka Blaue Wiese, traf ich einen Bekannten. Ich nenne ihn Bismarck, weil er so aussieht mit seinem Schnurrbart, sein Gesicht tiefe Furchen vom Seewind zeigt und sein Bauch mind. den 8. Monat simuliert. Außerdem fängt er immer sofort zu *Goschen* an, meistens über Fussball, dass Borussen vom schwarz gekleideten Mann, wieder bevorzugt behandelt wurden und so weiter und so fort.

Bismarck wohnt eigentlich auf Fischland, aber zum Einkaufen geht er lieber nach Barth (wohl der Ruhe wegen).

Wir setzten uns draußen auf die Holzbänke. Ich kannte ihn noch nicht mal ein Jahr und ich fand er war schon sehr vertrauensselig und unsere Beziehung hatte etwas von den Opas der Muppet-Show.

Heute gab er zum Besten, dass seine Schwiegermutter der Satan sei. Sie lässt ihn nicht in Ruhe und auch kein gutes Haar. Damit hatte sie optisch betrachtet Erfolg, denn er war schon ziemlich licht und grau. Die Dame war 89 und beim Einkaufen, ließ er sie regelmäßig sitzen, wenn es zu arg wurde. Bei seiner eigenen Frau hatte er leider auch *niks* zu melden.

Schätzungsweise kam sie nach dem Satan. Da kam mir das mit dem Apfelbaum in den Sinn und wenn da ein Apfel abfällt ist das immer in der Nähe des eigenen Stammes.

Heute erklärte er mir, wie das sexuell bei ihm abläuft. Also zwischen ihm und der Tochter von Lucifer. Also erstmal muss das Licht aus, dann die Rollläden runter. Es muss dunkel sein. Ein winziger Schlitz bleibt offen, so halb, dass man gerade noch die Umrisse der Möbel erkennen kann. Will ja keiner hinfallen.
Oberschenkelhalsbruch beim Grufti-Sex, kommt nie gut bei den Sanitätern von der Blauen Wiese an. »Was noch«, fragte aufmerksam nach? Ich war neugierig.
Nix mehr das war´s. Ich kann die nur nicht sehen, sonst kriege ich keinen hoch. Dann klappt's nicht, aber bei Dämmerung ist gut. Da funktioniert's noch prima. Und wenn der Teufel blöd wird, dachte ich mir kriegt er halt den Schwanz ins Maul.
Einbildung ist das halbe Leben oder sogar das *Dreiviertelse.*

bushaltestelle
der wind pfeift um
maskengesichter

Du bist zu streng

Hör mal du schläfst schon seit drei Tagen.
Und?
Du warst noch nicht mal im Garten.
Unverständliches Gegrummel.

Was hast du nur immer? Lass mich doch.
Ich bin in der Pubertät. Das ist normal, sagen alle.
Auch deine Therapeutin ich weiß.
Mutti meint auch du musst lockerlassen. Chill!

Wenn ich lockerlasse, verschimmelst du im Bett.
Es ist Sommer, wir sind an die Küste gezogen.
Hier kann man total viel erleben.
Hab kein Bock.

Kein Bock auf echtes Leben!
Sich um nichts kümmern und dann noch
Forderungen stellen,
ist asozial.

Viele meinen ich sei zu streng.
Manche empfinden das Normale als zu hart,
das vernünftige Leben als zu anstrengend,
so ist das heute. Nichts tun und Hand aufhalten
und
STREAMEN.

- Das eigene Leben ein fremder Datenstrom -

Jeanette stellt ihn auf

Wie so oft klemmte es an allen Ecken und Enden. Das Leben ist so kompliziert, wenn du unten bist. Zum Glück war ich zumindest, seit einiger Zeit raus (allein das spült einem schon ein kleines Stück nach oben). Das Große-Arbeitsrad stand für mich still oder noch besser, es drehte sich ohne mich weiter. Ich hatte Abstand. Nichts passierte, wie ich es verließ. Außer dass ich besser schlief und der Stresslevel gefühlt um 10.000 Volt abnahm. Noch etwas Würde kam zurück.

Trotzdem oder gerade, weil jetzt so viel freie Lebenszeit da war, gab es da diese Probleme um mich herum. Ich hatte zum ersten Mal das Gefühl, dass es mehr Verrückte in Mannem gibt als andere. Ach, eigentlich gab es diese Verrückten überall, wo ich hinkam oder hinsah.

Die Praxisräume befanden sich in einem ausgebauten Kellerloch. Es war nur ein Zimmer mit Klo und einem Mini-Vorraum, wo man die Schuhe wie bei den Buddhisten ausziehen musste. Das *Loch bei Jeanette*, erinnerte mich immer an Angkor Wat. Das lag wohl an der Einrichtung und den vielen dunklen Apsara Figuren. Mit Maurischen Plafonds wäre der Kitsch perfekt gewesen.

Jeanette war eine ganz liebe Person. Ultra empathisch. Vom vielen sitzen und weil sie wohl nie an die Luft kam, blas und gut beisammen, wobei ihr Gesicht schlank geblieben war. Ihre Art sich zu schminken war speziell, genau wie ihr Style. Etwas kunterbunt.

Ich zog die Schuhe aus, stellte sie ordentlich beisammen und setzte mich in einen Sessel. Dann goss ich mir ein Glas Aqua naturale ein und wartete. An einer Wand betrachtete ich ein Steinrelief von Tanzenden. Es schien tatsächlich so als wäre ich in einem Tempel gelandet, obwohl dass hier alles Placebo war. *Touristen Nepp* oder *Therapie Tand*?

Die füllige Jeanette wollte wissen was mich zu ihr führte. Ich erklärte ihr mein neues Leben sei richtig grell-geil, aber Drumherum laufen lauter Zombies und wollten mir ans Leder. Sie meinte das Beste wäre wir würden alles einmal aufstellen. Mir wars recht, Hauptsache es würde besser. Ich wollte endlich meine Ruhe haben. Das Hauptding waren die Menschen, aber da mir die meisten nicht sehr nahestanden, konnte ich das lassen, also vernachlässigen. Ich war doch mit dem Verlust der Arbeit zu einem Einzelgänger geworden. Klar das war ich vorher schon, schon wegen meiner Einstellung, hielt es keiner lange mit mir aus. Ich hatte immer den Eindruck, dass ich den Leuten mit meiner Gegenwart Schmerzen bereite. Sie konnten die Wahrheit nicht aushalten und jemand der es ansprach, war für sie sowas wie, als Kind beim Klauen von der Mutter erwischt zu werden. Damals halt, wo es noch haue gab, für den Griff ins Zuckerglas.

Jeanette legte los. Wir fingen bei denen an, die ich nicht abschieben konnte. Die man nur schlecht entsorgt bekommt (meinen eh. besten Kumpel hatte ich schon ziemlich direkt abgeschoben). Ich wollte nur noch Pazifisten um mich rumhaben und welche, die weises kluges Zeugs quasseln und nicht die Gestörten, ICH-bezogenen Monster, die die goldene Möwe für einen Gourmettempel hielten und *Lahntz* für eine seriöse, niveauvolle Talkshow.

Das waren dann Mutter, die Exfrau und die Kinder. Ich sollte jetzt den fast lebensgroßen Apsara Figuren die *Problemkinder* zuordnen. Das erledigte ich schnell und die fabelhafte, mystische Jeanette, bessere wäre *Dream of Jeannie*, gewesen, tauchte in jede Figur ein. Sie zog die Vorhänge etwas zu, entzündete Räucherwerk, es roch wie in einer asiatischen Opiumhöhle und tauchte in die Charaktere ein. Ein bisschen erinnerte das Spektakel an das Orakel von Delphi. Ich wartete noch auf die echten Drogen, aber schätzungsweise gab es die schon mit dem Rauch. Ich durfte einfach sitzen bleiben und weiter Wasser trinken. Ich hatte schon eine Flasche abgepumpt, wir hatten Hochsommer und wegen dem vielen erklären und meiner Schweißausbrüche und Heulkrämpfe.

Jeanette begann mit meiner Mutter. »Mir wird schlecht«, erklärte sie, »ich spüre Wut, Zorn, Hass und ich will zerstören.«

Das war krass, das letzte wusste ich nicht. Ich fühlte mich deprimiert. Warum will eine Mutter ihr Kind zerstören? Die Antwort blieb sie schuldig bzw. orakelte: »… das ist nicht deine

Baustelle. Das müssen wir bei ihr lassen und so alte Gehirne bekommst du nicht mehr gedreht, wobei alles möglich ist, aber es muss von dem Betroffenen selbst ausgehen.«

Mutter war ein Zombie. Das bedeutete ich lebte zeitlebens im Zombie Level, wie bei *Doom*. Die Scheißerkenntnis zog mich runter.

Dann kam die Ex dran. Schon wieder wurde es der Therapeutin schlecht.

Am Ende der Sitzung hatte ich anderthalb Flaschen Wasser getrunken und musste dringend mal auf die Toilette.

Dreieinhalb Stunden waren rum. Ich um einiges schlauer und ziemlich geknickt. Der Knick ging bis heute nicht wieder grade. Es fühlt sich scheiße an als Kind nicht bedingungslos geliebt worden zu sein, aber noch beschissener, wenn sie dich killen wollten. Und der ganze andere Mist, kam noch obenauf.

Immerhin ich wusste jetzt, warum sich das mit Mutter und der Ex nicht gut angefühlt hatte, was tatsächlich echt untertrieben ausgedrückt ist. ***So ähnlich wie der Gang übers Höllental auf die Zugspitze ist wie einmal um den Block.***

Meine Mutter hatte mich beschissen erzogen und um meine Kindheit beschissen und meine Ex, war beschissen berechnend zu mir, das Leben war auch nur ein großer Beschiss aus Oberflächlichkeiten und daraus wurde dann mein total beschissenes Dasein.

Diesen Riesenbottich voll Scheiße, schickte ich auf eine Reise ins Nirwana (für die Kacke war das die Kläranlage).
Ich selbst musste erstmal duschen und schrubbte den ganzen alten *Schißdreck* so gut es ging ab. Trotzdem wunderte ich mich, dass ich immer wieder beschissen wurde. Ich bildete mir ein, dass es meine Bestimmung sei und fand es gut, dass es mal raus war.

(Abb. 3)

Zombie-life

Ins Paradies wurde ich geboren,
dann kamen Schläge und Erniedrigungen,
die Kindheit geriet zu einem großen Missbrauch.

Am Ende der Kindheit,
war ich schon ein halber *Zombie*.

Dann kam die Pubertät,
ohne Rückgrat
und Selbstvertrauen,
aber mit *Zombiepower*.

Dann kam das echte Leben,
als *Zombie* unmöglich,
verstecken oder
sterben,
verkleiden, blenden
und durchmogeln.

Als ½-Zombie,
bleibt einem nur das Soldatenleben.
Herzlos *snipern* wie in der Massentierhaltung
und das Herz versteinern.

Am Ende oder zwischendrin,
ist man dann ein ganzer *Zombie* geworden.
Ich kann jetzt *killen* ohne Skrupel,
wie beim Skorpion,
wurde es zu meiner Natur.

Love

Ich war in einem Tattoo Studio
und die Lady sollte mir
LOVE
auf den rechten Handrücken nadeln.
Dafür musste ich meine Hand in eine Box stecken.
Als sie fertig war zog ich sie wieder raus
stellte fest, dass da
LOSER stand und sogar unordentlich genadelt.
Die Buchstaben kreuz und quer, mal klein, dann
wieder groß.
S C H E I ß E ...!!!
Ich war total entsetzt und machte Stunk,
aber die jagten mich einfach weg.
Dann dachte ich Scheiß drauf,
ist doch gar nicht so übel.

hy du yu lice tu bi mei fishkobb!

Die Kritikerin

Gerade textete mich mal wieder so eine
selbsternannte Kritikerin über Fratzenbook zu.

Meine Bücher wären scheiße und
schlecht gemacht.

Das Kapitel über die *Filsbach vun Monnem*, wäre
eine Beleidigung für sie.

Was sollte ich sagen zum 1.,
sie hatte wohl recht in ihrem System.

Dem Profilbild zu urteilen,
war Sie eine Oma, aber eine
die noch rüstig austeilte.

Sie wütete mich voll.
Was sollte ich machen zum 2.?

Ich hielt die Fresse und löschte sie,
jetzt tut´s mir etwas leid.

Ich spielte mich zum Zensurgott auf, wie
die die ich immer kritisiere. So scheinheilig
und gemein. Kritiker zu paralysieren.

Irgendwie vermisse ich Omas Zorn.
Vielleicht sollte ich ihr mal ein
Märchen widmen.

Emanzipation

Die Angleichung von Frau und Mann,
war eine großartige Sache.
Unternehmen sind jetzt gezwungen,
Frauen zu *Bossen.*
Auch so ist der Unterschied,
zwischen den Geschlechtern winzig?
Das ist eine gute Sache.
Frauen wollen überall mit dabei sein,
das müssen sie auch.
Gleiche Rechte und Pflichten für alle?

Weiber an die Front und
Puffs weg oder Laufhäuser mit Pimmelträger.
Hand aufs Herz oder in den Schritt – Schlupp,
schlupp.
Ruckzuck. *Vorundrückunddrück.*
Wenn das nicht kommt
hat's die Emanzipation bei mir
verschissen.
Kinderkriegen auch für Männer,
als Grundrecht.
CRISPR sei Dank.
Milch geben auch. Gott war in
Unordnung beim Designen.
Zack, zack kommt das Zeitalter
der Fraun
und das Männerpack
kann abhaun.
Frauen sind einfach perfekter, **das ist mein Ernst**.

Wie geht leben?

Weiß du´s?

Klar.

Ist das dein LEBEN?

Ja.

Gutes?

Denke schon. Sieht gut aus. Oder?

Gut. Ja.

Was ist mit den Leuten da an der Surfbar?

Auch gut.

Du bist schlau.

Danke. Ich habe Erfahrung.

Wie viele Jahre.

Fünf Jahrzehnte ungefähr.

Da solltest du es wissen.

Klar.

Was ist das wichtigste am Leben?

Nichts.

Was ist mit dem Tod?

Egal.

Der Liebe?

Das Einzige, das Beste, ein dystopischer Albtraum.

Verstehe. Unglücklicher Design-Fehler

Geburt und Tod sind vorbestimmt,
die restlichen Kapitel bestimmt jeder selbst, oder?

Sonnenklar wird es mir klar.

Wie wird das dazwischen gut?

Am besten nichts machen, dann klappt's,
und immer viel danke sagen.

Okay. Hab's kapiert. Danke, danke, danke, danke und DANKE.

Du hast es jetzt drauf, das merke ich.

Scheißbulle (Küchenshow Teil 2)

»Ich bin ein ziemlicher dirty Kerl Babie«, sagte ich und dann weiter, »Ein *Chauvi.*«
»Ja Bulle halt.«, antwortete sie.
»Eine Wutz.«, hängte ich noch an.
»Wenigstens« machte sie weiter, »siehst du's ein.«
»Ja«, schrie ich laut, »Drecksbulle ohne Revolver.«
»Den hättest«, frotzelte sie, »mal besser behalten sollen. Unterschlagen … verloren gegangen beim Pinkeln im Wald oder so.«
Ich musste lachen und erinnerte sie an meine neue Superwaffe: »Dafür habe ich jetzt meine Zunge geschärft. Sie ist meine neue Waffe. Scharf wie ein Schwert und sanft wie ein Rehkitz zugleich.«
Sie wird verlegen und meint: »Ja, ja, geiles Teil. Scharfe Zunge haste echt. Keiner leckt so gut.«
Und vergiss nicht Babie: »Dabei ausdauernd wie Spiridon.«
»Bist halt«, meinte mein Babie, «mein Traummann, mein Scheißbulle mit rauer Zunge, wie so 80er Schmirgelpapiere, vom Dienstgelaber und Basaltherz.«
Sie hatte total recht, fast jede stand auf meine Leckerei und deshalb sagte ich noch: »Ist gut für die Durchblutung.« Selbst frigide erweckte ich damit schon zum Leben.
»Schmirgelst du«, fragte sie etwas flehend, »mir gleich mal die Kugel?«

»Sehr gerne«, antwortete ich, »ich trinke grade noch einen Schluck Wasser und dann öle ich sie ein und wir können loslegen. Setz dich schon mal auf die Arbeitsplatte.«
Ich weiß eigentlich überhaupt nicht warum, aber das war ein Talent, denn es machte mir Freude und ich konnte es stundenlang tun und vergass dabei alles um mich rum.

Paradies

Zwei Jahre lebte ich im PARADIES und gefunden hatte ich es
auf Fischland an der Ostsee, aber das
ist eigentlich egal, denn ich fand es in
meinem Kopf, trotzdem wurde
es am WESTSTRAND am deutlichsten, hier
waren Inneres und Äußeres in
bester Harmonie vereint. Leicht war es nicht.
Ich musste erst durch eine tiefe
Depression und einige Krankheiten. Dann
zeigte es sich und ich verließ es freiwillig wieder.
Oke, nicht ganz freiw.

Der Schokobrunnen

Sitze zu Hause und blicke in den Garten. Die Sonne ist gerade über den Fuchsbergen untergangen. Mir ist langweilig. Das Abendprogramm eine verdammte imperialistische Propaganda Show. Die Maus kam und holte sich das erste Stück vom Kerngehäuse, das eigentlich für die Amsel war. So ist es also da draußen. Haben, jeder nimmt was er kriegt und mehr. Auch bei den Viechern. Das HABEN könnte das Problem sein? Gäbe es nichts, dann wollte auch keiner was.
Scheiß auf die Philosophie, die hat die Menschheit auch noch nie weitergebracht. Philosophen sind Arschlöcher im Elfenbeinturm und gerade, wenn sie noch im Fernsehen auftreten. Philosophie Konsum, leicht und seicht für jedermann. Vorgekaut. So Leute und Moderatoren, die einem erklären was gut oder schlecht ist, sich für kein Thema zu schade sind und mit moralischen Fingern zeigen, wie wir sein sollten für die Gesellschaft. Was wir dürfen und was nicht. Ameisenstaat willkommen. Alle arbeiten am Großen und Ganzen, dem perfekten Kasten-Staat nur paar wenige fliegen halt zum Mond. Da ist bei mir Schluss – dann kommt *Der Ekel* und ich muss brechen. Zum Glück rief da dann grade Immerrot an.
»Hi, was für Parfüm nimmst du?«
»Joop, so eine rosa-lila Flasche. Wenn ich das rieche, drehe ich durch.«

»Hatte früher auch immer Joop.«
»Und jetzt?«
»Dolce, hier schau.«
»Was ist das? Kann nichts erkennen auf dem Bild.«
»Der Flacon in meinem Schritt.«
»Geil, geht's auch deutlicher, erkenne nur etwas braune, makellose Haut und ein undefinierbares etwas, könnte auch Raumschiff Orion sein, dass da grade auf deiner Vulva gelandet ist. Geht's nicht aufgeklärter?«
»Nö vielleicht ein anderes Mal.«
»Ich will deine Perle sehen? Wir waren doch schon mal befreundet, also keine falsche Scham.«
»Ich bin frisch geduscht, aber nicht hergerichtet. Zu viel Stress grade wegen Hausbau.«
»Oke, dann zeig mir aber wenigstens mal den Bär.«
Sie hatte die Angewohnheit es sich mit einem Teddybären zu machen. Ich fand's gut, verstand es aber nicht genau.
»Hier schau ganz normales Ding, haarig, dicklich, flauschig.«
»Hmm, scheint so, schneeweiß und hat es aber faustdick.«
»Lol.«
»Verstehe ohne Worte. Setzt du dich dann auf little bear drauf oder reibst du ihn zwischen deinen Schenkeln?«
»Rate mal?«
»Denke du reibst es hin und her mit der Hand.«

»Naja, so ähnlich. Ich hab's zwischen meinen Beinen und liege auf dem Bauch. Warum musst du das alles wissen?«
»Macht mich geil und ich will es mir dann vorstellen später. Wobei ich würde, dann die Lehne vom Sofa nehmen. Im Stehen. Halt nur doof, du weißt ja nicht wer da schon alles seinen behaarten Unterarm liegen hatte.«
»Igitt, das ist nix. Da würde ja dann der Stoff irgendwann voller Saft sein. Ich bewege mich da lieber auf dem kleinen Bärchen.«
»Geil. Klingt gut. Das erregt mich.«
»Kennt aber keiner, außer dir, jetzt.«
»Vielen Dank für dein Vertrauen. Ich erzähle dir doch auch alles. Ich weiß es jetzt danke. Amen. Machst du es jetzt mal für mich?«
»Geht nicht immer, war angeregt von deinem Video, letztes Mal.«
»Das finde ich gut, dass dir meine Movies gefallen. Sag mir, wenn ich was machen soll, um dich anzuturnen.«
»Bin auch untervögelt.«
»Was könnte ich da machen? Würde es dir gefallen, wenn ich dich jetzt schlecken würde?«
»Ja schon, gerne, aber lieber mit dem Daumen. Brauch da mehr als lecken.«
»Daumen in Pussy und dann hin und her? Rein und raus. Schau mal ich habe aber sehr sehr große Hände. Und deshalb ist mein Daumen auch so dick wie ein Unterarm und so lang wie ein Zucchino.«

»Lol. Und biegen kann der sich, unglaublich. Nein der passt schon, je dicker desto doller. Du musst aber mit deinem Daumen, übrigens schöner Daumen, schönes Foto, kurze Nägel und sauber, das ist top, in meiner Pussy reiben. Du steckst ihn tief rein, suchst den G-Punkt und reibst heftig in mir.«
»Ach wie geil. Immer ist es ein bisschen anders. Was macht er noch? Deine Brüste feste drücken? Ganz fest?«
»Ja, aber nicht weh tun.«
»Und die Warzen saugen?«
»Ja und dirty talk.«
»Unbedingt, sowas wie, fick mich, komm spritzt ab, gib mir deinen Saft, du geiler veganer Bär. Schieß die Raketen auf die Warzen.«
»Brüll, ich schmeiß mich weg. Klar, das mag ich auch. Am liebsten aber würde ich sagen, los komm mit mir zusammen, komm.«
»Hier ein kurzes Video für dich. Seit ich dein Bär sah steht er mir.«
»Telegramm ist klasse. Alles in Dauerschleife. So cool.«
»Ja. Dauerständer, *dauergerubbel* usw.«
»Kannst es dir jetzt besorgen. Ich will es sehen und dann schlafe ich mit diesen Bildern ein.«
»Ja mach ich, Schickst du mir noch was zur Inspiration, bitte.«
»Ich bin stark erregt. Befehl mir was.«
»Top, Wichs jetzt, schnell und mach ein Video von den letzten 10 Sekunden. Das reicht, dank Dauerschleife. Los jetzt du alter Bär.«

»Ich wichse grade schon. Du bist so geil. Danke.«
»Danke für noch ein Bild. Ich komme gleich. Hoffentlich klappt die Aufnahme.«
»Bin gespannt.«
»Hier.«
»Haha, wie viel Saft ist das denn? Echt cool und geil.«
»Du hast mich so scharf gemacht.«
»Wie ein Springbrunnen oder Schokoladenbraunen. Echt krass.«
»Jetzt Winterschlaf. Gute Nacht. Bussie. Danke.«
»Bitte. Ich verteile gerne Geschenke.«

Wie weggeblasen

Eine gute Bekannte, eher Freundin,
lag danieder mit einer starken Erkältung.
Es hörte sich wirklich nicht gut an.
Tausendprozentig dachte ich sie hat

DELTA.

Aber der
Test
zu dem sie sich nach ein paar Tagen
zu Hause an denen es
immer schlimmer wurde durchringen konnte
blieb negativ.
Ich versuchte ihr einzureden,

dass NEGATIV, das neue POSITIV ist.

Sie glaubte es nicht, die Tage vergingen
und deshalb machte sie auch keinen
neuen Test.
Hätte ja sein können,
dass er falsch-positiv
oder andersrum sein-wird-können-ist,
irgendwann oder gestern schon war, wir es
aber nicht sehen konnten. Egal! 69!
Sie las grade eines meiner Bücher,
und Seite 121 erregte sie stark.
»Freut mich, dass es dir gefällt!«
»Den Quickie, den du dort beschreibst, hätte ich
jetzt auch gerne.«

Naja, sie war wohl schon über dem gröbsten drüber,
die Lebensgeister kamen zurück.

Ich war grade am Kochen,
es sollte heute Kartoffelsuppe geben,
da ließ ich schnell die Badehose fallen
und drehte ihr nen kurzen Soft-Porno.
Kam gut bei ihr an.
Dauerte zwar etwas,
aber sie meinte freudig,
dass sie meinen Schwanz jetzt gerne in den Mund
nehmen würde.

Sie wäre sich sicher er würde schön passen.
Ich hätte nichts dagegen gehabt.
Babie sagte ich: »Dann wären deine Erkältungs-Symptome wie weggeblasen.«
»Schade«, meinte sie seufzend.
Dann mussten wir beide lachen. Denke wir dachten das
gleiche. So alt und den Kopf voller Flausen.

Aber das kann ich nur sagen, ist das schöne am Alter. Es gibt keine Hemmungen und wer es verstanden hat schiebt nichts und lehnt nix ab. Für was auch.

Toast-Brot

Früher aß man zum Frühstück,
zwei Scheiben Silver-Toast mit Butter.
Es schmeckte gut, roch gut, ging schnell
und war lecker. Die Butter schmolz immer mit
dem knusprig braunen Brotkörper zu einer
Fettscheibe zusammen, Wie bei einer erotischen
Tantra Massage. Fertig. Das war´s. Sooo lecker
und
vital?
Heute muss es irgendso ein gesundes
Müsli sein mit Himbeeren.
Heute haben alle die *kreenk* und
sind morgens schon gestresst.

silvester
raketen explodieren
wie meine träumen

Märchen für Oma

Es war niemals war, aber das ist bei
Märchen liebe Kritik-Omi auch nicht so klar,
deshalb du alte Hex,
wär's ganz nett du würdest meine Texte
nicht mit deiner Gebiss-Flex zerschunden und
lieber zum Kaffee einen *Kex* futtern, denn es ist
doch noch
kein Künstler aus der Rakete gesprungen
            gefallen und wer weiß schon genau, was
damals in der Filsbach von Monnem so
alles abging und wer da so abhing.

Ich war noch nicht geboren. Puh! Heute
ist der Stadtteil gar nicht mehr so komplex.
Alles ganz gechillt, dank der Wach uff H4.

So Omi das wars mit deinem Gedicht, jetzt darfst
wieder Goschen oder halt doch einfach mal
den Mund und lass dir eine Mannemer
Fünffachimpfung gratis verpassen.
  Die hilft gegen: blödes Gerede, den barbarischen
    Dialekt, die dreckige Stadtluft, gegen Filsläuse
                                    und macht schön.

Gehirn

Hans schrieb mir Samstag morgen, gg. 10 Uhr. Ich war gerade aufgestanden und hatte mir einen grünen Tee gemacht und wollte raus auf den Balkon tippen. Irgendwas, Hauptsache es würde mich ablenken vom Albtraum.

Er hatte letzte Nacht gefickt. Aber es machte ihn nicht mehr an und er erklärte, wie so oft die letzten Jahre, dass er damit aufhören wollte. Wer will das eigentlich nicht. Jeder will aufhören.

Mit was?
Mit vielem?

aber: KEINER HÄLT AN!

Ich erwiderte, dass das bei mir ähnlich sei. Es bockt einfach nicht mehr. Sex Ü50. Gruselig. Mumienschieben. Es bleibt ein schales Gefühl im Mund zurück. Wie nach frischem Knoblauch am nächsten Morgen oder brackigem Boddenwasser. So ein saurer Fischgeschmack, bei einer 10 Tage alten Soljanka. Hans gab mir recht. Es war so ein Leberwurstduft. Aber nicht die gute vom Metzger, sondern eher wie alte am Anschnitt schon lila schimmernde. Ich verstand ihn so gut, denn mir ging es mittlerweile genauso. Ich meinte, dass ich in Zukunft nur noch Küssen und Händchen halten wollte.

Wahre Liebe halt!

Das kaufte er mir nicht ab, denn er wusste ja dass ich sexsüchtig war. Ich erklärte ihm, dass es für mich aber so anstrengend geworden sei. Es war ein Dilemma aus Trieben, einem Horrorkabinett und einer Höchstleistung. Wäre es da nicht besser alleine zu bleiben? Wie früher die Lepra Kranken vor den Stadttoren.

Zu viele wollten mich. Sie laugten mich aus. Ich erklärte ihm, dass die Frauen uns Männer aussaugten (wie Graf Dracula bzw. seine Gräfin). Ob er noch nicht bemerkt hätte, dass Sperma und Gehirnmassa die gleiche Farbe und eine ähnliche Konsistenz hatten. Mit jedem Schuss löste sich unser Gehirn immer mehr auf. Die Saugerinnen schafften es, wie die Zecken, dass du nicht bemerkst, was sie eigentlich vor haben. Erst blasen sie ihn dir, da kommt dann was ins Gehirn was es verflüssigt. Wie beim Kochen Johannisbrotkernmehl, nur andersrum. Dann wenn die Zellen schön flüssig sind, dann saugen sie, es fühlt sich irre an und Teile deines Gehirns Hansi gehen rüber (übers Rückenmark) zu den Mündern (von dort direkt ins fremde Gehirn) oder in die Pussy. Die leben dort weiter und das ist auch der Grund, warum Frauen immer schlauer werden ***und Männer mit zunehmendem Alter dümmer und immer früher sterben. Ohne Gehirn kannst du nicht weiterleben. Ein teuflischer Kreislauf.***

Er meinte dann, dass man ihnen das flüssige Hirn vorenthalten sollte. Unbedingt. Orgasmus vortäuschen. Schnell etwas Hexenfett hinschmieren. Aus die Maus. Das wäre eigentlich die Lösung. Das waren grundlegende Erkenntnisse, die unbedingt niedergeschrieben werden mussten, dachte ich mir.

Die Lösung für das ganze Leid auf der Welt, denn
was stellen Männer nicht ständig alles an.
Mit einem ganzen Gehirn hören die
Konflikte und
Kriege endlich auf
und Frieden und Freude kehrt in die Welt zurück.
Wow!

regenwetter
bindfäden halten mein
leben zusammen

Zingster Seebrücke

30. August, Wasser 18 Grad, Luft 19,
aber das war wohl gestern. Heute
stürmische See, leckere salzige Luft, kühler.

Ich finde einen riesen Strandkorb,
nach'ner Weile wird mir klar,
der ist für Rollstuhlfahrer.

Ich beobachte und sondiere die Lage.
Meine Intelligenz nimmt zu, weil ich
nichts tue.

Mann mit rotem Plastikeimer
und ein Junge mit blauem,
sie holen Ostseewasser für die Burg.

Pärchen in den 60er, schlendert nah an der Gischt.
Er trägt ein Basecap.
Sie trägt weiße Hose, Foto für daheim.

Zwei ältere Frauen,
bunt wie Papageien mit rotem Rucksack,
blonde Haare im Wind, zwei Schnappschüsse.

Mann Ende 50 im T-Shirt mit Glatze, Brille,
Handy in der Hand, zielt auf den Strand,
Beweisvideo und viele Fotos, es wird getippt.

Die Sonne zeigt sich kurz,
es bringt nichts. Die Möwen schreien,
die Touristen nach Futter an.

Ein junger Mann schlendert,
weiße Turnschuhe, schwarze Jacke,
Augen gesenkt, blickt traurig aufs Meer.

Ein Pärchen mit blauen Jacken,
hastet vorbei. Der Schäferhund zieht,
die Kacktüten flattern im Wind.

Eine Familie am Wasser,
rote Gummistiefel, Kind Ostfriesennerz,
Eltern unterhalten sich freudig, Urlaubsfeeling.

Eine Frau graue Haare, Kamera,
Füße im Wasser, schnelle Schritte,
schon vorbei, Richtung Leuchtturm.

Behinderte Frau im Rollstuhl,
fährt vorbei, kurzer Blick, Besetzt.
Bitte kommen Sie! Danke. Gerne. Lacht. Tschüss.

Warum eigentlich ich

Ich war zum Kaffee mit einer Nachbarin in Käfertal verabredet. Ihr Mann war auf der Arbeit. Er arbeitete bei der gleichen Firma wie ich, im grünen Dress. Kaum war ich zur Tür, drin da meinte sie: »Nimm mich mal in den Arm, ich brauche das jetzt.«
Sie hatte schon so komisch gekuckt. Ich war ziemlich überrascht, wir kannten uns gut, aber in den Arm genommen hatte ich sie noch nie. Gerade auch weil ihre Oberweite das fast nicht zugelassen hätte. Ich war doch immer wieder verwundert im Leben, wie manche einem die Möpse hindrückten. Bei Frauen mit wenig Brust konnte Mann ja Abstand halten, indem man den Oberkörper so unnatürlich und doof nach hinten durchbog. Meine Friseurin zum Beispiel eine *Türkin*, auch mit riesigen Bergen, schrubbte die Dinger beim Haare schneiden immer über meinen Kopf. Es war sehr angenehm, aber ich fühlte mich auch etwas unwohl, weil ich ständig meine Reflexe unterdrücken musste und nicht wusste, was daran ist Absicht?
Ich überlegte kurz, aber eigentlich tat ich immer das was man mir sagte. Ich drückte sie. Sie fiel mir regelrecht um den Hals. Ihre Brüste schnitten mir die Luft ab, wie eine Anakonda, beim Würgen. Mit jedem Atemzug wurde es schlimmer. Die Nippel piksten wie das Bett eines Fakirs. Ich musste loslassen, sonst wäre ich Ohnmächtig geworden oder Blut spritzte.

»Was gibt es denn?«, wollte ich wissen.
Sie rang um Fassung und dann meinte sie: »Ich war beim Arzt, habe Brustkrebs, ich bin so fertig.«
Ich war auch fertig und überfordert. Was sollte ich sagen? Was Nettes.
»Wo ist der Krebs, also welche Seite?«
Sie zog ihr Shirt hoch und entblößte ihre Brüste, da, dann nahm sie meine Hand legte sie auf eine Stelle und rieb damit über ihre linke Brust. Naja ich war einiges gewohnt, vom Job, also schocken konnte mich nichts mehr, aber überraschen schon. Aber getreu meiner Devise, locker bleiben, mitmachen, nichts anmerken lassen, streichelte ich noch etwas ihre linke Brust, dann die andere zum Vergleich. Die Nippel standen wie eine Eins.
Ich hatte den Eindruck sie nutzte die Situation aus, um mal Körperkontakt und Aufmerksamkeit zu erhalten. Sie tat mir leid. Ich streichelte jetzt beide Brüste, wie man einen Hund streichelt, wenn man ihm aus Versehen auf den Schwanz getreten ist. Die empfindlichen Stellen versuchte ich zu umkreisen.
»Weißt du meine zwei Mädchen meinten, Mama warum gerade du, du bist doch unsere gute Mama? Warum nicht jemand anderes. Ich finde es auch ungerecht. Warum gerade ich?«
Tja dachte ich, da hatte sie wohl recht. Mir fielen plötzlich meine schlimmsten Krankheiten ein. Ein Furunkel am rechten Bein. Ich konnte nicht mehr laufen, OP, eine Bierflasche am Baggersee, Fuß aufgeschnitten, fast abgetrennt, konnte nicht mehr

springen, Not-OP und die Hirnhautentzündung, Quarantäne viele Wochen, Lähmung und bleibende Hirnschäden.
Und plötzlich wurde mir eine Sache klar, warum eigentlich ich? Es war unfair mir die ganzen Krankheiten zu geben. Genau wie bei Sarah. Später kamen dann noch die ganzen psychischen Störungen dazu, wie Angststörungen, Phobien, Depression, ADHS, Autismus, HSP, Dyskalkulie, usw. Warum eigentlich ich? Unfair. Sarah sah das auch so und zum ersten Mal wurde mir klar, wie gemein das mit den Krankheiten eigentlich abläuft. Wir tranken viel Kaffee und ich hörte mir geduldig alles an, tröstete und pflichtete ihr in allem bei.
Ab und zu bat ich sie aus reiner Anteilnahme und weil ich das Gefühl hatte, dass es ihr gut tat, nochmal meine heilenden Hände aufzulegen. Ganz ungeniert massierte ich ihre Brüste und tat so als wäre es das normalste der Welt und ich ein Frauenarzt der ständig prüfen müsste ob es schon was neues gibt.
Zum Abschied rammte sie mir wieder ihre Dinger rein, bis kurz vor der Ohnmacht. Zum Glück und fairnesshalber hatte sie die Krankheit gut überstanden. (Bei mir lag das Verhältnis so 25:75 Prozent, wobei die kleinere Zahl meine Heilung darstellt und die größer all den Scheiß, der in mir kocht und wo es wahrscheinlich nie mehr wirklich richtig gut wird.)

30 Jahre Müllmann

In meinem letzten längeren Job,
wurde ich gefoppt und gekloppt
bis ich floppte und
alles zerkloppte,
danach gabs erstmal Chop-Suey. Vegan. Hat
mich total umgekrempelt.

Die beste Beerdigung

Wie mein Ex Schwiegervater zum Training geht, kommt er nicht mehr lebend heim. Für mich war das ein Schock, denn ich hatte ihn sehr gern.

Er war ein feiner Kerl und so wie er lebte war auch seine Beerdigung eine feine Sache. Keine Kirche störte die Totenruhe und der freie Redner, haute eine top Rede raus.

Ich heulte irgendwie am meisten, obwohl es die beste Beerdigung in meinem Leben war, sogar der Leichenschmaus war top. Er hatte es verdient. Mach's gut Herbert.

Neue Lager

Heute wurde mir eine Sache klar.
Beim Joggen kam ich am KZ vorbei. Ich hielt kurz an,
dehnte mich und lass, dass wenn es zu viele Kranke gab,
die Quote auf 5% gesenkt wurde. Damals sagten die *abspritzen* dazu. Ich lese das zum dutzenden Male und bin immer wieder zu
Tränen gerührt und bete, obwohl ich nicht
so recht an Gott glaube.
Dann kam ich an einem alten rostigen und etwa 10m
breitem Eisentor mit Maschendraht
Einlage vorbei. Da
wurde es mir klar. Da war so ein asphaltierter Platz, eingezäunt, mit Müll drauf und wildem Bewuchs. So würden die heute keine Lager mehr machen. Zu auffällig!
Die machen das wenn digital
und es wird noch raffinierter, die Zwangskennzeichnung entfällt. Früher bekamen die Guten, die Besseren einen Pass, so eine Art *Persilschein* und es wurde nach Kulturkreis und Ideologie ausgegrenzt und nach
Gehorsam und Bereitschaft zur Pflichterfüllung.
Hut ab, der *Teutsche* hat enorm dazugelernt?

Bild(en)

Ich kann mich noch gut erinnern sage ich dir.
Vor etwa 10 Jahren.
In den Mediatheken von ZDF und ARD.
Da waren die meistgesehenen Sendungen,
Auslandsjournal und Tagesthemen,
unvergessen Peter Scholl-Latour.
Wie fade ist dagegen ein Söder, auch wenn er noch
so laut poltert. Die derbe Rede hat Einzug gehalten,
das *triviale*, das *alltägliche*, das *seichte*, das

GRAUEN HOLT SICH IMMER MEHR RAUM.

Tagesschau und Scheibenwischer – Genial.
Heute sind's die Soaps.
Das andere taucht in der Hitliste gar nicht mehr auf.

Wenn ich versuche mit Bekannten,
kritische Gespräche zu führen,
kommt immer die Totschlag-Armee:

Vom Finanzsystem habe ich keine Ahnung.
Vom Wirtschaftssystem habe ich keine Ahnung.
Vom Sozialsystem habe ich keine Ahnung.
Vom Gesellschaftsvertrag habe ich keine Ahnung.
Von der Politik habe ich keine Ahnung
Von den Kriegen dir wir führen weiß ich nichts.

Von den vielen Millionen Opfern habe ich keine
Ahnung (gabs
das nicht schon mal?).
Von unterschiedlichen Kulturen habe ich keine
Ahnung.
Von Steuern habe ich keine Ahnung.
Von Medien habe ich keine Ahnung,
ich glaube blind was andere sagen.

Von kritischer Meinung weiß ich nichts.
Von meinen Wurzeln weiß ich nix.
Von Massentierhaltung weiß ich nichts.
Von schlechten Arbeitsbedingungen weiß ich nix.
Von Inflation weiß ich nichts.
Von Armen Menschen weiß ich nix.
Von Hungernden weiß ich nichts.
Von schlimmen Unwettern weiß ich nix.
Von Blackrock weiß ich nichts.
Von Markus Glanz bin ich beeindruckt.

Von von irgendwas, außer von Netflix
und von Amazon,
habe ich null Durchblick.
Kannst du mir mal eine Rezension schreiben, für
mein letztes Buch.
Sorry weiß nicht wie das geht?

Weißt du ich lebe einfach. Chill doch mal!
Bei allem anderen verlasse ich mich auf die
Politik.
Hauptsache ich kann glotzen und
kann mir demnächst einen Flachbild TV

mit 10-Meter-Diagonale leisten.

Dann bleib ich ruhig.
Und die Soaps.
Und Gemüse von Almeria.
Das nenne ich wahre Freiheit.
Achso, denke ich dann immer. Ihh.

Ich sage dazu eher Kinobesuch.
Berieseltes Leben mit Zuckerguss überdecktes
Dasein.
Soooo süß und die anderen
morden für
deinen Zuckerguss.

dunkle nacht
orion schießt einen
pfeil auf mich

Steinzeit

Heute morgen um 9 fiel das Internet aus,
danach das Handynetz,
aber nur für *Fodavone* Kunden,
glaube ich,
dann war die Welt plötzlich so ruhig.

Zum ersten Mal schrieb ich meiner 15-Jährigen,
einen Zettel.

Habe bis 13:30 Uhr gewartet.
Muss arbeiten, ein Script downloaden.
Quinoapfanne mit Gemüse steht auf dem
Herd, ich bin unterwegs versuche irgendwo
Internet aufzutreiben.
Fahre erstmal zum Hafen.
Komm vorbei, wenn du magst.
Bis später.

Im Hafen gabs Netz beim *Jambo*. Die hatten einen
anderen Provider. So
kurz war die
Steinzeit nur für mich und doch so

schrecklich, wenn man Termindruck hat und
der Verlag auf das Script wartet und du
nicht Bescheid geben kannst und auch noch
nie einer gehört hat, dass sogar das 4G Netz
ausfallen kann. Konnte sogar noch uploaden.

Der Kopf

Gibt keine Ruhe,
ständig neue Ideen,
Bilder aus weggeworfenen Kronenkorken,
tausende,
da reicht die Lebenszeit nicht.
Romane 7 in 2 Jahren veröffentlicht,
drei noch unveröffentlicht
und zwei weitere komplett im Kopf geschrieben.
I´am a maniac.
Hoffentlich hält der Schädel das aus.

Geiles Leben

Jeden Tag ins Büro rennen,
jeden Tag kriechen oder
schlagen,
jeden Tag einkaufen, immer der gleiche
supermercato,
jeden Tag kochen,
jeden Tag Glotze,
jeden Tag die gleiche Frau
jeden Tag das gleiche,
jedes Jahr bisschen Urlaub,
jedes Jahr das gleiche. Wie geil ist das?

(Abb.4)

Irre

Gedanken an eine weiße Wand.
Ein- und Ausatmen.
Fallschirmspringer am Horizont.
Holen die mich?
Sitze im Garten,
da wird's leicht und es gibt im Haus keine
Unordnung.
So ruhig heute.
Sabotage.
Die beobachten mich.
Sollen sie mich halt killen.

sonnenaufgang
wahnsinnsfarben heben
die stimmung

Glitzern

In der Ferne glitzert das Meer
Türkis bis zum
Horizont.
Die Luft ist salzig.
Ich bin nackt.
Möwen kreischen.
Krähen wollen an mein Essen.
Sand unter meinen Füßen,
Muscheln und tote Krabben.
Eine verweste Flunder und
die Orangenschale treibt an Land.
Die Bremse hat Blut gerochen.
Ihr Stich schmerzt kurz.
Armes Tier, ein Reflex,
das war dein Tod.
Graue lange Haare im Wind,
die Sonne geht langsam unter,
das Ende kommt näher.

Manisch

Muss schreiben,
warum?

Muss schreiben.
Warum?

Muss schreiben.

Warum?
Warum?
Warum?
Warum?

Darum. MAUL!

Arschloch.

Du eitler Depp.
Das ist es nicht.

Muss schreiben?

So halt. Es läuft aus mir raus, wie das
Fett beim Burger braten, dann
spritz es und jeder der hinlangt und meine
Texte liest, verbrennt sich. Witzig - Wenn die
Hand so zuckt von den
Fettspritzern. Lacht!

Gut schreib halt. Liest eh keiner.
Und wenn, du Arschgesicht.
Depp du.

Was schreibst du nur so viel.
Keine Ahnung. Zeugs halt.

Muss schreiben. SP (Sendepause). Ruhe jetzt.
Wie viel Uhr du Arschgeige?
00.36 Uhr.
Wie lange hast du heute geschrieben?
18h.
Du bist ein manisches Arschloch.
Ja gut, respektiere das, aber muss schreiben.

Wie viele Seiten in 18h?

177

Gute Nacht Maniac.

Gute Nacht, ich schreib noch bissel.

montag
50 jahre soll dass
jetzt gehen

Dharma-Gammler, Zen und Hohe Berge

Alles Leben ist Leiden.

Die Überwindung des Leidens kann erreicht
werden. Spinner.

Trieb ist die Ursache der Geburt.
Die Geburt der Beginn allen Leidens (Baby
schreit-Baby hört Schreie).
ZEN ist out!
Die Welt ein Alptraum.

Das Leben als einzelner (entrückt) ist grell-geil.
Nur mit Tee zu ertragen.

Der Geburt folgt der Tod.

Wer zu Lebzeiten auscheckt
und
in vollen Zügen genießt ist weise.

(Hommage an Jack Kerouac)

Die Hölle und der Tod sind gut!

Für gutes Schreiben von weltlichen Dingen,
der Realität, ist es essenziell,
zumindest einmal durch die Hölle gegangen zu sein.

Die Hölle findet sich am besten im Krieg oder beim Altern.

Wenn es dann noch ein unglückliches Leben ist,
ist es perfekt, dann klappt's mit dem Tippen.

Für das genussvolle Leben ist es das Beste,
mindestens einmal dem Tod,
von der Schippe gesprungen zu sein.

Alle anderen sind in der Kindergarten Truppe und kratzen nur an der Oberfläche.

Ein Sex Abenteuer

Davon hatte ich genug.
Zu viel *geplumpst.*
Trotzdem wenn ich lange genug darüber,
nachdachte, dann wohl auch zu wenig.
Aber jetzt seit Anfang Ü50,
hatte ich keinen Bock mehr,
auf echten 6ex.
Dafür schrieb ich um so lieber darüber.
Jetzt muss ich lachen! Mir kommt das ziemlich verrückt vor.

Der Peter

Peter, Peter, der gute Peter, war mein
2. Vater, weil mein erster K.H.
leider zu früh auscheckte. Er war
zu schlau. Wurde eines
Pfingst-Morgens plötzlich abberufen, noch vor dem Frühstück. Ich habe sie so lieb.
Dann kam Peter und ich bekam einen neuen Vater und Mentor. Gottseidank.
Leider wurde auch dieser Vater von Gott nach 2 Jahren wieder gefällt.

Frieden ist Gift

… und Chaos Pflicht.
So können wir die Blechköpfe,
am besten lenken. Je brutaler der
Krieg, je größer die Angst, je tiefer
die Gräben, desto leichter die Manipulation,
die Mittelschicht muss weg,
alle sollten wieder arm sein.

Am besten jeder schlägt um sich.
So ein Anarchie Ding (pseudo reicht schon)
Wir brauchen also Hysterie und Wut!
Kampf und Chaos und Verwirrung.

Witzig, dass die sich nie wehren und keinen
Überblick haben, dabei ist es doch so easy.
Macht ist die Essenz, Geld die Stimulation.
Wie Häschen sitzen sie rum und glotzen Netflix-
Serien-Highlights, über Kritiker die
Spazierengehen für die Freiheit.

Am besten wird sein, wir fliegen dann zum Mond,
leben im Weltraum, auf einem Kampfstern
oder dem Mars. Aber nur wir,
die Guten, die die den overlook haben.
Die Milliarden Schafe,
bleiben auf der Wiese. Wir brauchen doch
was zu futtern.

Wir die Narzissten

Also eigentlich, strenggenommen, ich
ich, ich ... weiß nicht wie ich es ihnen beibringen sollte, damit Sie
nicht entsetzt sind oder auf mich sauer werden.
Ich mach's wie früher beim Überbringen der Todesnachricht.
Zack, das Messer blitzschnell ins Herz.
SIE sind ein CO-NARZISST, das ist auch schnell bewiesen. Ruhig Blut.
Niemand würde sich so behandeln lassen, von Vater Staat. Das machen nur #sklaven lieben Narzissten.
Immer diese permanenten Schläge auf
ihre Seele – wie ein Presslufthammer.
So grausam wie diese Ideale ist nur ein Narzisst
(hat sogar Freude daran) und nur ein Komplementärnarzisst kann das ertragen (braucht es so) und diese
ganze Scheiße prügeln sie schon in der Schule
in uns rein, damit wir am Ende, schöne
manipulative Staatsbürger werden, die
alles erdulden und sich dabei noch wohl fühlen.
Es ist wie bei den Wildschweinen im Wald, wir suhlen uns im Dreck und
finden es geil dieses Schweineleben.

2 x pro Tag mind.

Mini Garten, hinterm Haus,
zweimal kommt so eine alte Laus.

Die Nachbarin ein richtiger Greis,
dreht meinen Kopf im Kreis.

Kommt mit Rollator vorbei gekrochen,
um dann immer das gleiche zu brocken.

Sie hört schwer, darum laut wird geplappert,
dass bei mir die Schüssel klappert.

Ich muss schrein,
das findet die Katze (Bluna) gemein.

Neulich sagte die Alte, du bist in Pension,
ist das nicht eine langweilige Situation.

Ich sagte ich hätte genug zu tun,
sie verstand nur Huhn.

Viel Zeit kostet mich die Schreiberei,
aber lesen war ihr keinerlei.

In meinem Alter schau ich nur noch fern,
das Glücksrad mag ich deshalb gern.

Schlau ist, ich bin die Arbeit schon lange los
und kriege vom Staat viel Moos.

Wie alt bist du, fragte das alte Perl-Huhn?
Anfang 50 wie einst Paul Kuhn.

Da erschrak sie total und meinte lapidar,
dachte du bist 75 (damals war ich 53) Jahr.

Ab hier reichte es mir dann
ich fluchte hoffentlich bis du bald dran.

schweigemarsch
meinen schatten können sie
gerne boostern

(Ein Haiku) - Strandhafer

Sanddünen etwa 2-3 Meter hoch auf Fischland. Gelber Strandhafer hält sie zusammen. Filigrane Stängel ohne Blätter. Oben länglich buschig. Ganz weich. Ab und zu noch ein grüner Stängel dazwischen. Etwa 20cm höher als die Düne, die alles vorbereitet hatte.

Dazwischen ausgetretene Pfade. *Dünen nicht betreten.* Das steht auf einem alten weißen Metallschild mit schwarzer Schrift. **Sind 100% Kackpfade mit unvorstellbarem Ende.**

Zwei alte Strommasten ragen aus dem Sandhaufen. Sie sind zusammengekracht. Stützen sich jetzt gegenseitig. Das Holz ist grau, rissig und grün, da wo immer der Regen abläuft. Ein rostiger Metallbeschlag hängt herab. Ganz oben sitzt eine Möwe mit gelben Füssen und gelbem Schnabel. Mal blickt sie auf die Ostsee, dann wieder landeinwärts. Sie beobachtet, sondiert die Lage am *Joho*. Sanfte Musik. Arrogante Stimmen am Nachbartisch. Diskussion mit den Kindern über die Speisekarte. Broiler mit Pommes. Kein Interesse. Burger wären besser.

In der Umgebung krächzt ein Rabe, dann schreit eine Möwe, das Lied vom Meer und der Sehnsucht nach Ferne. Angriff auf den Beobachtungspfosten am Strommasten. Frontal. Keine Chance, der Platzhirsch, wärt locker ab. Die

andere rutscht ab. Landet auf dem Boden. Schüttelt das Gefieder und fliegt wieder weiter. Großes Geschrei. Die Luft schmeckt gut. Etwas Wind. Etwas Salz. Zähne Knirschen. Die Brandung rauscht hinter der Düne. Ein Kabel schlängelt sich um die Holzmaste. Weit entfernt ein Schrei, die nächste Silbermöwe. Der Sand ist angenehm warm. Etwas tiefer kalt. Die Sonne hat noch zwei Stunden bis Schichtende. Der Himmel scheint schon matt. Die Spuren der abgestürzten Möwe liegen noch fein eingeprägt, wie Stempelabdrücke, auf dem Pfad, an dessen Ende die Scheiße in der Abendsonne dampft. Als wär's der Lebensweg von vielen – am Ende der Kackhaufen, so hoch wie in Cobá der Maja Tempel. Langsam rieselt vom Wind verwehter Sand hinein. Zum Glück stinkt es nicht!
(Das mit dem Haiku hat nicht geklappt, deshalb höre ich jetzt auf.)

küche kocht
dik-ke schmeiß-flie-ge surrt
klatsch! matsch

(Schon besser. Unter 17. 3 Zeilen passt auch noch. So geht Haiku.)

Immer wie das Gleiche

Jetzt ist es Afghanistan,
davor war es vielleicht der Irak,
oder Vietnam, Korea, Syrien, Libyen
Jugoslawien,
was kommt nun?
Das Gleiche, wieder bomben.
Quo vadis?
Bomben auf die eigenen Leute?
Scheint es gibt nur Bomben, Bomben, Bomben …

Wenn es klingelt

Immer wenn es klingelt,
bekomme ich einen Schreck. Stich in
der Brust.
Ich kann es selbst nicht glauben.
Es klingelt und mein HERZ rast.
Das kommt vom letzten Job, dem Höllenritt.
Jeder Anruf ein Fall, ein Mord,
ein Sexualdelikt, ein Raub,
eine Leiche, ein Müllhaufen

Ich war bei der Müllabfuhr der Gesellschaft
angestellt.
wie bei *Angel Heart* hatte mich der Teufel
gekauft.

Telefon klingelt, Körper zuckt,
Herz schlägt schnell, ein Blitz im
Kopf – ungutes Gefühl, Depression, Angst,
Panikattacke ...
Klingelton leiser stellen.
Jetzt die Türklingel.
Das Gleiche.
Mist !
Diese blöde(n) Störung(en).

Freiheit

Ich hatte genug,
das machte mich satt,
ich war deshalb glücklich
und nicht zu knapp.

Sie meinten der Staat zählt auf dich,
doch ich hielt mich nicht dran
und war freier als Freitag,
sie erkannten es dann.

Niemand schreibt mir mehr was vor,
das Leben ist jetzt bunter, so grell-geil-rot,
da wurden sie aggressiv wie der Matador
und brüllten wer es versucht den *Boxen wir tot.*

Gott ist groß und weise,
die Seelen seiner Vertreter seicht,
das Gewissen zu leise,
und im Schädel zwitschert bloß diese Meise,
dabei ist es doch eigentlich so krass-leicht.

Freiheit – Liebe – Achtsamkeit

Datensalat

Es war abends und ich glotzte irgendeine
Doku über *Satoshi*
Nakamoto, da wurde es mir
schlagartig
klar. Bei den Büchern

hatte ich schon erste
Ressentiments oder Plaque bekommen.
Früher konnte ich einfach das
Taschenbuch weitergeben und heute
hängt alles in so einem schwarzen unerotischen

Plastikdings. So geil wie ein Dildo
das Teil (ohne Batterien).

Aber es ist ja alles noch viel krasser,
überall werden wir überwacht und
kontrolliert, also unsere
#daten aufgezeichnet.

Das Internet vergisst nichts. Dagegen ist die
Steuer, das FA,
ein Alzheimer Patient.

Genau genommen habe ich mich schon
immer gefragt, warum die *Amazonen* der Welt,
keine

Steuern (oder weniger) zahlen. Die
nutzen auch noch meine #daten und dafür
sollten
sie blechen und das müsste der Staat
kontrollieren. Aber

ich glaube die sind schon viel zu
mächtig und die Behörden blicken im

Datensalat nix

mehr. Genau wie ich. Für was brauchen die
Milliarden Gewinne, wenn hier die Straßen
kaputt sind.

Bald werden die meisten Sklaven ihrer eigenen
gekaperten
Daten sein und mich werden sie
steinigen für meine schrägen Zeilen.

Handy

So schlau war noch nix
Und alle liebten es ganz fix.
Nur wenn´s mal runterfällt verflixt,
dann ist die Schlauheit gleich *verwixt.*

Nichts klappt mehr so einfach so, so
als wär man blöd geworden. Johoo … Johoo …

Schnell braucht man Ersatz,
weil zwischenzeitlich fühlst dich stark verratzt.

Ist´s dann wieder da hurra,
das Leben geht endlich weiter wie *Wonderbar.*

Doch ich möchte schreien,
schalt auch mal ab das schlaue Ding,
werde kreativ und geh mal feiern (swing)
und las das extrem-Couching.

Denn du brauchst mehr natürliches Leben
und solltest nicht so viel mit dem Finger an der
Scheibe kleben.

Klimakrise?

Die Temperatur steigt, daran gibt s nichts zu rütteln.

Die Umweltbewegung hat versagt,
genau wie die Friedensbewegung und die Vorsorgeuntersuchung und der Fortschrittsglaube.

Wetterextreme nehmen zu. Auch unbestritten.
Schlimmste Unwetter Katastrophen fast überall.

GRUß NACH POMPEJI

Was zu tun ist, ist doch klar?
Es liegt auf der Hand oder
ist mein Verstand schon krank.

KLIMA-LOCKDOWN überall. Das wird nicht leicht.

Was bist du bereit zu tun?
Was tust du bereits?
Führst du ein gutes Leben?

Keine Flugreisen mehr – auch *geplustert*!

Keine Urlaube mehr, allerhöchstens mit Rad oder
Bus und Bahn oder CO2 Zertifikat.

Keine SUVs mehr, auch nicht elektrisch.
Konsum wird eingeschränkt nichts ist mehr hektisch.
Die Ruhe kommt zurück.

Keine sinnlosen Motorradtouren als Hobby.
Keine Hobbys die zu viel CO2 machen.
Küssen erlaubt.
Kein Fleisch und keine Milch (außer Sonntag).

Verzichten unbedingt, verzichten, das wird notwendig sein.

Wir brauchen netto Null CO2? Sofort!
Besser wären noch negativ Renditen.

Glaubst du das kann funktionieren?

Die Wirtschaft muss schrumpfen,
genau wie unser Lebensstandard.
Sonst kommt es zum Kollaps!

WOLLEN WIR DAS? WAS WIRD AM ENDE DEINES LEBENS ÜBRIG LBEIBEN?

Gut machen wir weiter wie bisher, wir können eh nichts mehr
verändern.
Die meisten wollen sich nicht Gendern. Das

letzte Hemd hat keine Taschen und wer wird
schon so am Leben hängen. Besser ist
doch Party bis es knallt.

Aber die Staaten werden etwas tun.
Wir sind gezwungen was zu ändern?

Die Haltung, unbedingt. Sollten
gerader stehen. Rücken an der Wand.

Der Lebensstandard wird wieder abgesenkt.
Keiner darf mehr einfach so fliegen oder betrügen.
Kein Wirtschaftswachstum,
ändern wir das alte (unsinnige) Konzept, das nur
Leid und immer mehr und schneller Leid und Tod
produziert

DER WOHLFAHRTSSTAAT IST GESCHICHTE.

es geht ab jetzt immer weiter rückwärts,
so oder so.
Der Lebensstandard fällt, nur nicht prominent,
und die Löhne werden nicht mehr klettern, sie
gehen eher Richtung Keller.

Es wird viel kosten.
Wir werden viel verbieten.
Spazieren gehen aber nicht? Lacht!
Keine Schiffsreisen mehr. Aus die Maus!

Öko-Diktatur – Wir brauchen die Wende
und wenn nicht freiwillig dann gezwungen.

Ein-Kind-Politik?
Persönlicher-CO2-Bilanz-Pass.
Zu viele Menschen?
Weniger, das löst das Problem ganz von allein.
Wir brauchen Beispiele, gute.
China o. Schweden?
Nur wenige verstehen das DING.
Aber leider geht es nicht voran.

Die Menschen haben leider keine Angst,
vor der Klimakrise.

Bis das Feuer zu uns kommt.
Es wird kein happy end geben.
UNSERE WERTE WERDEN FALLEN WIE DIE BÄUME UND DIE KÄFER WERDEN SICH ÜBER SIE HERMACHEN UND DER AMTSSCHIMMEL.

Demokratie ist ein Auslauf Model!?!

Wir brauchen eine neue Aufklärung, besser Abklärung, ein Down Streaming.
Wo ist der nächste Immanuel verd.?

Lieber Gott (ein Gebet)

Lieber Gott, komm doch nochmal auf die Erde
zurück,
sag uns was wir ändern sollten – biiiitteee, es
ist nicht mehr zum Aushalten hier. So viel
grausamer

WAHNSINN

und hilf uns die ganzen großen Krisen zu
überbrücken.
Danke lieber Gott im Voraus dafür.

Du kannst uns doch nicht so hängen lassen.
Überall
ist Chaos und auch mit *deinem Buch* haben wir

es in tausenden von Jahren, nicht hingekriegt,
grade
ist es besonders schlimm.
Millionen haben wir für ihre eigene Freiheit
getötet, auch
die welche wir befreien wollten mussten zum
Teil dran glauben und leider
hat es nicht viel gebracht. Wir sähen
Friedensbomben,
aber sie gehen nicht recht auf. Anstatt grün,
gibt es nur hässliche Krater mit verkohlten,

zerstückelten *Kinderleichen.*

Dann noch ein Ding,
wenn du nicht kannst oder willst,
dann schick nochmal den Jesus,
wenn der wegen Streaming zu beschäftigt ist,

dann schreib doch einfach eine

SMS

an die ganze Welt, oder könnte sein
Avatar nicht diesmal runterkommen?
Amen! Und ein gutes Omen!

Mir schwant nichts Dolles, wenn keiner wie
du in die Bresche springt.

….. für jeden Morgen

Heute Morgen war die Luft schön kühl und salzig
feucht.
Um 6 blieb es dunkel.
Der Herbst war schon da.
Die ersten Blätter fielen in den Schoss der Erde
zurück.

Die Kraniche ziehen zum Bodden
und rufen in hundert Metern Höhe
Krru-krarr, krru-krarr, krru-krarr,
(bedeutet soviel wie
Glück für dich)

hundertfache Trompetenbläser,
das größte Orchester der Welt im Moment hier.
Ich spürte Dankbarkeit,
ein neuer Tag im Paradies
und wenn mit uns Menschen,
auch nicht viel anzufangen war,
so war das spirituell-spritzige Leben,
als pseudo Bodhisattwa
doch richtig phänomenal und
köstlich.

Man brauchte dazu nur den richtigen Blick!
Eine Windböe kam stark rein und drückte mir ihr
Salz in die

Augen,
dass sie wie aus Dankbarkeit Tränen verloren.

Die Ostsee, das Meer und meine Tränen darin,
wie wichtig doch viele ihr Dasein nehmen und
wie unwichtig ich bin. Eine große Welle und weg
bist du.

Gym

Hier oben hatte es mal wieder ziemlich
gestürmt. Wind halt, die
Bäume lagen kreuz und quer, da
machte ich mal eine Ausnahme und
fuhr meine Tochter in die Schule. Nachmittags
dann Abholung. Da ging dann
etwas sehr Attraktives über den
Lehrer-Parkplatz.
»Da schau ist das eine Lehrerin von dir?«
»Kann sein, kann ich nicht genau sagen, kenne
die nur mit
Maske.« Sie
lachte und fand's lustig. Ich dachte, was
für eine Scheiße, die sehen die Mimik
ihrer Frontallehrer nicht
mehr.

Die Jägerin

Das Essen war fertig. Der Teller hübsch angerichtet.

Aus dem Lautsprecher dröhnte mit sanfter ruhiger Stimme, Choka Sangha und meinte: »… eine kleine Teezeremonie…Matcha macht glücklich …«

Da ertönte Klaviermusik. Ich war erstaunt. Besuch? Schule früher aus? Paket-Mann? Einbrecher?

Ich gehe zur Türe. Schaue durch den Spion und da steht meine Nachbarin. Was will die? Wegen der Räder im Flur? Macht sie jetzt Stress? Ich öffnete mal zackig. Sie wirkte irritiert. Ihr Gesicht ganz angespannt. Noch nicht oft hatte ich das Vergnügen mit ihr und sie kam mir etwas verkniffen vor. So wie halt die meisten Erwachsenen. Immer im Stress, ständig was zu tun, immer in Eile, wenig Zeit zum Chillen, immer gefaltete Gesichter, voller Hetze und Sorge um den nächsten Konsumtrip – wie CRACK Junkies.

Ich dagegen war eher wie ein Kind, nicht ganz ausgereift und machte ständig Schabernack. Was aber oft nicht gut ankam. Die anderen wollten zugekniffen sein. Oberflächlich. Lebensfreude Fehlanzeige. Hoffentlich dachte ich macht die jetzt keinen Stress, denn was ein Mann am wenigsten ertragen kann, ist nicht das Brüllen eines Löwen, kurz bevor seine Zähne zupacken, oder ein wildgewordenes Wiesel, dass dich anspringt und deine Halsschlagader im Blutrausch öffnen will oder die fremde Kugel im Kampf. Nein, dass wo Jeder-Mann ohnmächtig wurde oder werden tut, war das *Gezeter* einer Frau.

Fragend blickte ich sie an. Setzte ein spielendes Lächeln, ohne Zahnreihen, auf. Sie blickte nur auf meine rote Unterhose und schien perplex. Ihr Sprachzentrum war schlagartig gelöscht. Wie bei einem Drohnenangriff aus dem Hinterhalt. Es klang wie stottern jetzt.

Ich denke, ich habe nicht geklingelt, das warst du. Also raus mit der *Suppe* oder was willst du nun tun?

Sie sammelte sich, riss ihren Blick förmlich aus den Tiefen meiner Unterhose los, vielleicht störten sie auch die behaarten Beine, unsere Augen berührten sich, bei ihr funkelte es und sie meinte ganz lapidar: »Ka.. annst d.u Mau..sefallen s..tellen?«

Ich konnte mit dieser Frage nichts anfangen. Ich war auch neu hier in diesem Mietobjekt in Prerow. Nur eins war klar. Die Miete war horrend. Die Lage, direkt am Wald top. Die Wohnungen gut. Alles frisch renoviert, zumindest bei mir. Wir hatten 100 Quadratmeter mit kleinem Garten. Abends kamen die Rehe und Wildschweine zu

Besuch. Tagsüber die Rotkehlchen und Katzen. Die nächste Autobahn war etwa eine Stunde weg. Der Strand mit dem besten puderigsten Sand nur 10 Minuten.
Mausefallen dachte ich habe ich keine. Vielleicht hatten sie das mit meiner Schriftstellerei auch nicht so ganz verstanden. Haustiere hatten wir auch keine. Oder dachte die, weil ich im Garten Skulpturen und Kunstobjekte fertigte, dass ich auch Mausefallen anbiete?

Ich wollte höfflich sein, dachte noch an den Keller, da lag zum Einzug eine große tote skelettierte Ratte. Nur das beharrte Fell war noch übrig. Schätzungsweise ging es wohl um den Keller. Vorsichtig versuchte ich der Sache auf den Grund zu gehen.
»Willst du nur wissen ob ich es kann oder geht es um mehr?«

Kurzfristig kam mir so ein Gedanke in den Kopf, denn ich aber gleich wieder verwarf. Sie war mein Alter, schlank, lange blonde Haare und hatte eine nette Ausstrahlung. Gepflegt. Etwas bieder und verkniffen, aber das konnte ich mit einer Klangschalenmassage vorher richten. Es gab so viele, die noch nie eine Massage von ihrem Partner bekommen hatten. Sollte ich die Maus spielen?

Sie blickte mich von unten rauf an, kam einen Schritt (ich dachte sie greift jetzt an) näher und flüsterte: »Ich hab'ne Maus in der Wohnung.«

Oke dachte ich jetzt ist es raus. Sie hat Mickey Maus und ich soll ihr jetzt eine Falle basteln oder soll ich bei ihr auf Großwildjagd gehen? Oder ist das so ein Anmachding und ich blicke es mal wieder nicht. Soll ich die Maus mit meiner Unterhose, wie ein Torero locken – zum Wahnsinn treiben.

»Die Falle ist leer. Die Maus hat das Nutella abgeleckt, aber die Falle hat nicht ausgelöst.«

Das Gesicht wurde jetzt freundlicher. Ich blieb erstmal noch stumm. Ich wollte gerne noch mehr Informationen. Ich beugte mich ein Stück nach unten zu ihr.

»Ich kenne mich mit der Falle nicht aus.«, schob sie hinterher.

Die Aufgabe war nicht klar umrissen, aber in mir war das Helfergen geweckt. Ich hatte aber eine Ahnung.

»Du ich habe auch eine Maus, aber draußen im Garten. Die klaut der Amsel immer die Apfelstücke. Weißt du, Amseln sind zuckersüchtig und ich gebe ihr immer mein Kerngehäuse. Wenn ich dann so sitze, im Garten und schreibe, dann kommt die Maus und schnappt sich das Teil komplett.«

Wir lächeln uns zu, das Eis ist weg. Sie braucht Hilfe und ich versuche sie ihr zu geben.

»Also, ich kann es probieren. Ich komm mal rüber und dann schauen wir. Ich habe schon alle möglichen Tiere gefangen, auch mal einen Marder oder Schlangen oder Echsen. Im Dienst musste ich mal einen entlaufenen Bullen mit dem G3 erschießen, das war krass. der rannte durch die Stadt und machte Kleinholz, war beim Schlachter abgehauen. Jetzt denkt sie das ist der richtige Mann – ein Großwildjäger.

Ich komme gleich, ziehe mir nur noch was über.« Etwas kam ich mir gerade vor wie in dem Roman *Schnee am Kilimandscharo.* Gleich kam unbekanntes Gebiet, eine mir fast fremde Frau, die Sonne schien heute heißer, es war windstill und sie lud mich ein mit ihr auf *Großwildjagd* zu gehen.

Mit der Nachbarin, das wäre die beste Affäre. Ihr Mann würde es nie erfahren. Sie lächelt und ist froh, wahrscheinlich mehr darüber, dass ich mir was anziehe. Ich lehne die Tür leicht an, werfe einen kurzen Blick in die Küche. Dort auf dem Eichentisch steht, ein Teller mit leckerem Futter drauf. Aber ich gehe jetzt erstmal zu meiner Nachbarin der Hauslöwenjägerin. Zack Schlüssel abziehen, Klong Tür zu und rüber zu ihr.

Wohnungen faszinieren mich immer wieder. Es ist eine Ehre für mich, wenn ich neue Wohnungen untersuchen darf. Mit dem geschulten Blick von mehreren Jahrzehnten Wohnungsdurchsuchungen, ist es mir, in der Regel, möglich ab der ersten Sekunde die Behausung zu lesen, wie der Algorithmus von *Fratzenbook.* Die Datenanalyse daraus ermöglicht ein umfassendes Bild der Persönlichkeit der Inhaber. Die Nutzer dieser Wohnung störte es nicht, dass ihr Duft aus jahrelangem Küchenmief geprägt war. Es war oberflächlich ordentlich. Im Detail staubig. Im Flur stand ein überdimensionales U-Boot.

»Tolles Teil«, rutschte es mir raus.
Und »so groß wie ein Mensch.«

»Das sagen viele«, antwortete die Jägerin, »das Ding kann auch in echt fahren. Es war ein Geschenk. Ist Marke Eigenbau.«

Wahrscheinlich denke ich, wollte damit mal einer über die Ostsee die Grenze überwinden und ab in den „goldenen Westen“. Ich musste lachen. So schnell geht's und der Glanz ist weg. Der Lack ab. Vom Gold des Westens, sind nur noch Schuldenberge übrig. Mir war noch immer nicht hundertprozentig klar was ich hier nun machen sollte. Sitzt da eine Maus in einer lebenden Falle oder hatte die Falle nicht funktioniert oder lag die Maus mit Genickbruch irgendwo unter einem Drahtbügel oder brauchte die Zweibeinige Maus die *letzte Ölung*. Der Geruch machte mich allerdings alle, gerade die Anteile an Bratenfett.

Zum Glück war der Rest ordentlich, aber der Style erinnerte mich zu sehr an Roller oder Stolz. Sie lotste mich durch die offene Küche ins Wohnzimmer. Die Mattscheibe war groß und das Sofa riesig und rot. Kopf Kino ging los: *Da wird geklotzt und gelümmelt und geblasen und getrunken und am besten alles gleichzeitig*. Ich konnte nirgends eine Falle entdecken – verflixt, hatte sie mich doch nur gelockt? Da war die offene Balkontüre. Es war Mittag und die Sonne schien hell herein. Sie zog mich stärker an die *Minnie Maus*. Mitte September (die guten Tage wurden rarer) und der Wetterdienst meinte, heute und morgen Sonne. Danach war wieder Schmuddel Wetter angesagt. Ich sollte nochmal raus dachte ich, unbedingt. Eine kleine Runde an den Weststrand und nackt meditieren oder über die Insel radeln.

»Wir saßen da«, sie zeigte auf die Couch, »eine Freundin, mein Mann und ich, da war da plötzlich die Maus. Die lief vor uns über den Teppich und glozte uns alle an. Die lebt unter dem Sofa und der Schrankwand. Gestern hat sie ein Stück vom Türrahmen angeknabbert und auf den Teppich gekackt.«

Das ist krass dachte ich, aber Tiere sind schlau und Mäuse eigentlich süß. Jetzt zeigte sie mir die

Falle. An einem Ende der Rundcouch, die jetzt für die Maus zum Todesstern mutiert war, stand eine Aktentasche, darunter war die *Selbstschussanlage*. Ich war entsetzt. Es war eine von den brutalen Schlagfallen. Die Maus tat mir leid. Die erfolglose Jägerin aber auch. Sie wirkte so verzweifelt und hatte kein Verständnis für das arme *Vieh*. Ich hätte auf Lebendfallen bestehen sollen, aber ich war einfach zu weich oder hatte zu wenig Rückgrat. Ich erkannte gleich das Problem. Die Köderfalle war falsch aufgebaut. So konnte das Teil nicht auslösen. Ich bog den Draht korrekt. Sie brachte mir frisches Nutella und einen Löffel und ich legte den süßen Köder aus. Es war wie der feuchte Nektar am Tempeleingang. Die Falle war jetzt gespannt und kam wieder an ihre alte Stelle.

»Einmal«, fängt sie an, »hatte unsere Katze die Maus im Maul, aber sie hat sie fallen lassen.«

Was für eine verrückte Katze bzw. typisch – sie wollte euch das graue Ding lebend servieren, kommt es mir in den Sinn. Ich kenne die Katze ja vom Garten. Hier oben sind alle Katzen, extrem wild und gerade die hier lässt die Maus laufen. Schätzungsweise gibt es zu viele Mäuse, das hatte ich auch schon bemerkt. Bei einem Überangebot sinkt der Appetit. Geht mir genauso.

»Es gibt noch eine zweite da hinten am anderen Ende.«

Ich holte auch diese stumpfe Guillotine hervor. Hier war noch zusätzlich die Köderaufnahme verbogen, reparierte es, bekam beim Spannen einen Schlag ab, weil das Teil jetzt mega *scharf* war und sie tunkte den Löffel, der eben noch über die andere Falle glitt ins Nutella Glas und gab ihn mir wieder zurück. Ein leichter Ekel überkam mich. Hier wollte ich nie zum Futtern eingeladen werden, denn erstens gab es kleine Mäuse und zweitens, teilte man sich freiwillig das Nutella. Etepetete war Frau hier nicht. Das gefiel mir gut. Nur keine falsche Scham dachte ich. »So fertig«, erklärte ich, »jetzt sollte es klappen, melde dich ruhig, wenn du wieder mal Hilfe brauchst. Egal was. Wenn ich helfen kann, immer gerne.«

Sie bedankte sich höflich und wirkte nun sehr erleichtert. Ihr Mann wäre ja nicht da, ansonsten und so weiter … und heute Abend würde sie vielleicht nochmal klingeln, damit ich das erlegte Großwild entsorgen kann.

»Alles oke, passt.«

Ich ging rüber zu meinem Teller und dachte darüber nach wie bekloppt ich eigentlich war. Ich aß keine Tiere, töte keine Tiere, rettete fast jedes Tier, bremste für Tiere, ging auf Tierwohl Demos, hielt wenn ein Tier in Not war, bekam bei jeder Stechmücke ein schlechtes Gewissen, blabla und hier half ich die Maus ohne Erbarmen zu erschlagen.

Ich war immer noch ein Killer, obwohl ich doch schon seit Jahren mit diesem Beruf gebrochen hatte. Mein Essen war kalt und schmeckte deshalb etwas weniger gut und mein Karma hatte braune Schokocreme, die wie Scheiße aussah abbekommen. Aber es war wie immer alles meine Schuld.

Alles. Alles, das auch und das noch dazu.

Ich sollte versuchen dieses Killerding endlich loszuwerden, denn ich war schon 4 Jahre raus bei der Einheit.

(Abb. 5)

Die Linken sind jetzt raus?

Früher musste ich mich beruflich,
immer mit den ganzen
politischen Strömungen im Land abgeben.

Die Dinge schienen klar.
Die *Lincen* waren meistens gegen den Staat
und seine Organe. Überall witterten sie dunkle
Machenschaften und Verschwörungen.
Verschwörungstheoretiker

Bei fast jedem neuen Gesetz,
gingen sie auf die Straße.
Grundrechte einschränken
und sie standen sofort auf der Matte.

Ich glaubte tatsächlich,
das sind verträumte Ur-Demokraten.

Heute denke ich, die Linken,
sind wie die Kirchen,
sie haben *viele* Meinungen,
dulden einfach niemanden auf der Straße,
der mehr Menschen mobilisiert als sie.
Es geht denen gar nicht um GR, Freiheit
oder Umverteilung? Wie mit den Regierungen?
Es geht nur um Macht
Und machterhalt.
Scheinheilig wie der Rest.
Jede(s) Mitte(l) ist dafür Recht(s) oder Link(s).

Corona und der Maskenball

Corona hat mehr Gutes als Schlechtes
Es gab diese stille Zeit.
Alles kam mal zur Ruhe
wir konnten abschalten und
die Akkus neu laden.
Gab sogar Geld satt – ein Wunder!

Dann hat Corona noch die MASKEN
der Menschen weggerissen,
wie ein Hurrikan im Golf von *Mechico*,
die Hausdächer.
Der Blick war frei.

Es gab seltene Einblicke für alle.

So mancher taffe Kerl entpuppte sich als
Weichei und Angsthase.
Große Klappe nix dahinter.

So manche softe Schmusekatze
zeigte plötzlich richtig Eier in der Hose.
Von manchen war ich richtig erstaunt,
die hatten sooolche Angst.
(Panik bis heute der eine oder die).

Mein Onkel (Missionar) mit über 90 keine
Impfung, keine Angst,
macht alles wie bisher. Respekt dafür!

Dann gab es noch die Betrüger,
die fanden sich in der Politik. Machten illegale
Maskendeals.

Dann gab es noch die Aufrichtigen,
die Aufklärung wollten, wie Kant,
die fanden sich zu Hauf, im normalen Volk.

Meistens die die sich keine
Angst einflössen ließen.

Mutige barmherzige Menschen,
wie einst ALFRED DELP
(seine sachliche ruhige Kritik endete am Galgen).

Dann gab es noch Spinner
und Verrückte, aber die gibt´s immer.

Von vielen Cowboys war ich so enttäuscht,
dass es Punktabzug gab.
Ich musste mich trennen,
denn es waren nur
Schwachmatikusse, entstanden in der

VacCov Zeit. Die *Blooster*-Generation.

Vielen vielen dank Super-Virus – du hast die
ganzen
Lügner entlarvt.
V- euch! Ihr habt gelost. Euer System ist
krank, aber
das wars schon davor.

Sonnenblume I (Haiku)
dutzende Vögel picken
du zitterst

(Blume in meinem Garten in der Morgensonne. Frühstück für(s) Vögeln.)

Presseecho

Kritik ist ein MUSS, passen Sie bloss
auf. Seien Sie kritisch allem und
jedem gegenüber,
(Bsp. nicht abschließend):

Politiker
Ihrem Partner
der Glotze
dem Mainstream
allen Lehrern
den Gurus
jedem Führer oder Boss oder Redner
den S-Medien
und am allermeisten passen sie auf bei:

Sich selbst!

Ideale

Ständig erfinden die da oben neue Ideale.

- Kalter Krieg
- Terrorismus bekämpfen irgendwo
- Freiheit am Hindukush verteidigen
- diesem und jenem souveränen Volk
  durch Bomben
  die westlichen Werte näherbringen
- Atomkraft ist gut
- Atomkraft ist schlecht
- Feinstaub ist gefährlich – mach Pisse
  rein?
  (aus Massentierhaltung) – dann wieder
  gut
- Demonstrieren sollen nur noch die
  anderen, die sich für Freiheit einsetzen
  irgendwo weit hinter der EU Grenze.
- Wirtschaftskrieg, Digitalkrieg,
  Klassenkampf – Marx behält recht?
- anti-soziale Marktwirtschaft (die
  Schere klafft immer weiter
  auseinander)
- Diktatur als Demokratie als Lösung,
  als
  Freiheitsknast, Modell Streaming life
- Krieg den intellektuellen Köpfen,
- Feuer für die digitalen Bücher

- Wahr ist was die Mehrheit will – Demokratia halt – moderne Deutsche Demokratische Republik
- E wie elektrisch ist die Lösung
- die alternativlose Wahrheit erkennen
- wer die Wahrheit kennt lügt?
- nur wir kennen sie wirklich.
- Vertraue uns! Glaube ist wichtig.
- Deine Rente ist sicher, Termin beim Arzt in 6 Monaten, Sozialleistungen nur wenn du brav bist, meine Ehrenwort dafür, bei Schmerzen empfehlen wir Oxycodon auf Rezept
- länger arbeiten auch
- Diäten erhöhen cool
- Zweitjob zum Überleben uncool, aber notwendig
- Klimakrise kommt später
- Zusammenhalt – bloß nicht
- Angst macht Dunkelheit
- Dunkelheit macht blind
- Blinde ergreifen jede Hand
- warum auch das Rad neu erfinden
- das wichtigste ist Macht
- neue Ideen für das Volk, es will beschäftigt werden
- 2000 Jahre alter Fortschrittsglaube

- die Ideale der Menschheit führten zu einem Gehirn, das in jedem Menschen gleich funktioniert
- wir denken fast alle ähnlich: Wohlstand, arbeiten, Ellenbogen einsetzen, Gier nach Haben, immer mehr haben wollen
- draußen sind wir Raubtiere auf der Suche nach Geld, Macht und Ruhm.
- daheim werden wir zu sanften Schmusekatzen – das kann nicht funktionieren, so kommt man nicht klar mit seinem Partner, seiner Familie
- das Dasein der meisten zerstört sie, sie werden krank und grausam oberflächlich (ich auch)

Wie naiv darf man sein, damit einem nicht klar wird, dass das was der Mensch erschaffen hat, dieses Denkmuster – immer wieder in Leid und Gräuel endet?

Für die Ideale wird dann getötet. Meistens noch im Namen des Friedens. Da geht mir das Herz unter und die Stimmung runter! Dann weiß ich nicht wie ich das aushalten soll und warum es scheinbar nur mich stört. Das ist so ähnlich wie mit dem Müll.

Rennpferde

Es soll Leute geben,
Menschen, Liebende, Partner,
Eltern, Schulen, Firmen,
die besitzen ein Rennpferd,
und lassen es im Schuppen stehen.

Ich hatte das noch nie verstanden,
wenn du im Leben,
ein Rennpferd gefunden hast, du! du! Menno,
dann um Himmels Willen,
lass es laufen und
sorge gut für diesen besonderen Menschen mit
seinen super Fähigkeiten.

Lass ihn die Leidenschaft finden.

Seine Preise und Erfolge,
sollen auch dein Lohn sein.

Hinter einem starken Gaul,
steht auch immer ein starker, schlauer Stall.

Blaumänner

Eines Morgens während dem Studium,
weckte mich ein Kommilitone
und meinte ich müsse sofort
zum Fenster kommen.
Er hätte eine faszinierende Entdeckung gemacht.

Verkartert stieg ich auf
ging in die Küche, hing am Fenster und er
zeigte mir unten auf der
Straße an der Haltestelle zwei Männer
in blauem Dress.

Weißt du was das ist?
Ich habe sowas noch nie gesehen.
Wie Bhagwan Jünger, nur in blau.

Hubert so hieß der Gute WG-Bewohner,
war ein irrer
Tee Trinker
und total verstrahlt.
Immer, Dauerdrauf, das THC war fester
Bestandteil seines Ichs geworden. Lacht!

Er rätselte ob das Mitglieder der Heilsarmee
wären. Aber die Uniform war echt schäbig.

Das sind Arbeiter erklärte ich ihm,
tragen
BLAUMÄNNER,
so nennen die
ihren Arbeitsdress. Hart schuftende Typen,
die früh aufstehen müssen und für die
Familie malochen. Die zahlen die Steuern
für uns.

Nicht so bekiffte Penner,
wie wir. Die ziehen sich allerhöchstens mal
einen Kasten Bier rein oder etwas Frigen (Gas).

Wir bedankten uns von oben. Winkten, aber
sie sahen es nicht.

Hubert wurde melancholisch
und legte sich nochmal hin
und zog sich die erste Blubber rein.

Damals gabs keine Bildung

Die Industrialisierung war grausam.
Schon Kinder schufteten unter Tage,
in völliger Dunkelheit.

Arbeiterquartiere waren dreckig,
die Luft staubig und schlecht.
Die Masse ungebildet, denn es gab
keine Bildung für sie.

BILDUNG = HOHES WISSEN NUR FÜR DIE HOHEN.
Doch dann kam ein *Luther* und
übersetzte den Leuten. Ein anderer erklärte:
Ihr braucht Bildung, sonst könnt ihr nicht mitreden.

Bewegungen wie die SPD entstanden.
Sie wurden verteufelt. Ihre Mitglieder manchmal
nicht vom örtlichen Pfarrer beerdigt.
Die Kirche hielt zu irgendwem und schwieg.
Viele SPD'ler landeten im KZ.

Dann wurde es etwas besser.
Später kamen dann die Grünen und
machten auf Umweltschutz und
NATO Austritt.

Sie waren verhasst. Das Establishment diffamierte Sie.

Heute gibt es wieder Industrialisierung 4.0 oder
5G, Blockchain, meta, WEB 3.0, New Work
oder Delta, Digi-Panik, oder Gamma und Pi,
moderne Sklaverei, ganz ohne Peitsche
kommt sie daher. What's going wrong *odder* on
und werden die kleinen das überleben?

SPD und Grüne werfen heute

BOMBEN AUF DEN REST DER WELT.

Der Rest ist aber auch hier und ihre
Wurzeln kümmern sie nicht mehr.

Der moderne Arbeiter versklavt und verdummt
sich selbst mit
FLIXNET und E-LGOOG in seiner Freizeit.

Von Politik weiß er nur vorgekautes,
wie Wirtschaft geht Fehlanzeige.
Modern Money Theorie,
was geht's mich an!

Moderne Industrie Sklaven leiden gut
und haben es schön warm. Das ist der Unterschied
zu damals.

Wo die Welt steht!

Der Höhepunkt ist überschritten.
Die Erde muss sich fühlen wie kleine Fritten.

Wir haben den Peak erreicht?
Ist doch egal, das Leben ist noch leicht.

Es gibt immer mehr Hunger und
der Leichen-Burger ist noch
dicker geworden.

Entweder es gibt eine Vollbremsung.
Schluss mit dem manischen Konsum oder
es gibt Massen *Aasweiler*,

wie die Massentierquälerei

und dann ist irgendwann

auch Ende, denn wie viele *Aasweiler*
verträgt die Wirtschaft

oder

das BIP?

Friede ist wie Gift

Hast du das schon mal gehört?
Es ist wahr!
Du findest es unerhört?
Findest das nicht klar!?

Schau mal da!
Das viele Militär.
Es bombt uns Frieda.
    Ist das nicht elitär.

    Frieden ist nicht gut?
Weil keiner bluten tut.
Nur wenn's kracht,
wird auch ordentlich Kohle gemacht.

Wär mal Frieden unter allen Leut,
dann würden sie checken,
wie sie das freut,
    und begreifen was die aushecken.

Aber so weit sind wir noch nicht,
weil unsere gewählten Vertreter picht,
    wir killen noch paar,
von unserer Menschheitsfamilie – wie wunderbar,
    ich find's trotzdem sonderbar???

Der letzte Beschiss

Ich war so weit.
Der Shit lief mir die Beine hinab.
Ich hatte den Job fast drei Jahrzehnte gemacht.
So eine Art Cleaner im Netz.
Nur mit dem Unterschied,
dass ich mir die Scheiße, dann auch noch in
ECHT – REAL
ansehen durfte und abräumen und
die ganzen kranken Killer noch dazu.
Alles ging direkt in meinen Kopf.
Nistete sich dort ein wie wilde Bienen.
1000 DÄMONEN ALS ICH.
Dagegen waren die Algorithmen von FANG,
wie ein Streichelzoo.

Ständig vergammelte Leichen und
Massenmord.
Jetzt habe ich das ganze Zeug im Kopf
und jeder bemerkt es. 1000 MONSTER
Es spiegelt sich in meinen Augen, FRESSEN
es springt aus meinem MEINE SEELE

Blick hervor,

wie ein
Krokodil im Fluss lauert,
mein Körper ist wie der einer
Riesenschlange,

alles signalisiert wo ist die nächste Beute.
Nur meine Sprache und meine Manieren sind so nett,
wie bei einem Betrüger,
deshalb nennen mich alle seit neuestem liebevoll

Jeffrey Dahmer.

Aber komisch manche stehen drauf.LIEBENmich
Ich flog raus zum G L Ü CK,

habe abgezogen ein letztes Mal,
jetzt bin ich off und wenn das letzte Stück

S P
CH + I
EI S2
ß E

an mir herabgelaufen ist,

vielleicht wird es dann wieder besser und
ich kann wieder durchschlafen ohne
Alpträume
und diese ganzen ZOMBIE-

Fantasien und sie nennen mich dann wieder bei
meinem echten *Namen*. Schön wärs.

sonnenblume
reife samen warten
auf das leben

(Haiku – Spatzen stürzten sich wie Junkies auf die Samen. Ich saß am Fenster und schrieb.)

Haikai
drei zeilen, siebzehn silben
stopp - plopp - frosch.

(Eine Erklärung und Erinnerung an das Berühmteste.)

k.l. barth
überfüllte krankenstation
todesschreie

(Haiku – Beim Joggen und Spazieren komme ich immer an der KZ Gedenkstätte vorbei.)

Finito

Das Leben wird enden. Ihres ganz
sicher. Das der ganzen anderen
auch. Nichts neues für Sie!
Doch, es geht noch weiter.
Selbst die Erde wird
aufhören. Hier kommt der
Beweis: Alles was beginnt (einen Anfang hat) –
muss
E N D E N.
Der Urknall war
das Ende oder der Beginn?
Ihre Geburt der Beginn langsamen Sterbens!

Lassen wir es einfach so stehen.

Mein bestes Gedicht

Ich trinke den Kaffee schwarz wie die Nacht.
Muttermilch von abgeschlachteten Kälbern,
kommt mir nicht rein. Die Tasse bleibt schwarz.
Auch sonst gibt es keine gequälten Tiere in mir.

Schon lange wollte ich mal sagen, was ich dazu
meine. Doch ich hatte Angst davor, denn ich
wollte nicht, dass hinterher jemand sagt ich hätte
so oder so gesprochen. Darum blieb ich paar
Jahrzehnte stumm. War wohl Feigheit.

Jetzt habe ich eine große Klappe, aber nur im
persönlichen oder hinter hässlichen Buchdeckeln.
Ich notiere auf, was auf der Straße liegt, in den
Rissen beim Teer, der Dreck der sich hier
eingenistet hat, in den Fugen. Er muss raus! Ans
Licht.

Was *Mann* falsch machen kann habe ich schon
verbockt. Der Rest kommt auch noch dran. Vom
Leben habe ich Keine Ahnung. Die Liebe kenne
ich nicht. *Mumie* hatte mich geprügelt. Dafür habe
ich die Ameisen getötet und den ganzen Rest.

Frauen mochten mich! Das lag wohl an meiner *Größe* und meiner Schauspielerei. Blendgranaten werfen lernte ich beim Bund, also gab ich an, mit meinen Erfolgen, die eigentlich keine waren. Alles aufgebauscht, abgedroschen, abgeschmackt.

Schnell merkte ich, dass ich der geborene Versager Typus bin. Anfangs störte mich das, etwas später dann wurde mir klar, dass es hier auch Arschlöcher bis ganz nach oben schaffen können. Arschkriechen war Volkssport.

Bald merkten nicht nur die Frauen, was ich für ein Kotzbrocken war, deshalb musste ich viel reisen. Nur Veränderung macht bekanntlich glücklich. Also wurde ich zum Kosmopoliten. Zog mir eine Uniform drüber. Gut beim Verstecken.

Nicht nur die Urangst hatte mich fest im Griff, auch die Lebensangst, und auch die Höhenangst (Peterprinzip) bremste immer wieder meine holprige Karriere. Immer wieder kam der Dreck aus meinen Poren und ich war erkannt. Verdammt!

Ich musste einsehen, dass ich ein Schmutzfink war. *Was für ein geiles Gedicht*. Es schimpft und ächzt. Aber so war das halt. Wenn ich mir mal Mühe gab, dann klappte es bis zum großen Knall.

Irgendwann traf mich aber wieder der Hammer des Universums. Vollbremsung für mich. Die Botschaft habe ich bis heute nicht klar. Was soll's, zu viel nachdenken schadet nur? Das Leben ist so grell-geil und die Menschheit so unnötig.

Wahrscheinlich holt mich der ganze Mist irgendwann ein. Überrollt mich wie eine Schmutzlawine. Dann werde ich als Regenwurm wiedergeboren und muss mich die ganze Zeit durch den Abfall der anderen bohren. Das wird hart werden, aber alternativlos.

Was hätte ich auch machen sollen? Ich wurde talentfrei geboren und außer Nehmerqualitäten hatte ich nichts zu bieten. Ich versuchte mich abzuducken um so wenig Treffer wie möglich abzubekommen. Klappte i.d.R. gut.

Mein größter Ü-Trick, war das Schütteln, ich schüttelte mich wie wild und der ganze Staub und Dreck flog aus meinen Ritzen und meinen ungewaschenen Haaren und keiner wusste wer mehr wo ich bin und so konnte ich dann immer gut
verduften, wie ein Oktopus.

Später erhielt ich dann den Nicknamen Phantom, weil man mich angeblich nie sehen würden, weder beim Studium, noch bei der Arbeit. Und so flog ich im Blind-Flug durch mein Dasein und genoss das schale Leben an der Oberfläche.

Nachdem ich im Leben fast kein Fettnäpfchen ausgelassen hatte. Rosenkrieg, totaler Bankrott, BTM, Depressionen, Versager, Münchhausen-Syndrom oder Irrenanstalt kam die Erlösung.

Ich musste feststellen, dass mein Leben sinnlos war. Ich kannte nur Haben und wollen. Das Äußere war mir am wichtigsten. Gefangen im Hedonisten-Strudel, schwindlig ohne zu taumeln, erkannte ich trotzdem nichts Wahres.

Ständig verglich ich mich mit anderen und wertete. Alles, jedes Ding und jeder *Dingerich* wurden von mir bewertet. Ich konnte das nicht leiden. Die anderen waren immer besser fand ich.

Sie sahen schöner aus, waren gebildeter, hatten größere Schwänze, bessere Schwänze, spritzten höher, weiter, schneller, hatten schönere Brüste, waren schlanker, redeten eloquenter, waren erfolgreicher. Hatten: Wohlstand-Ansehen-Kariere.

Bei mir fanden sich nur Mitesser, Falten, zu viele Muttermale. Irgendwelche unerklärlichen Hautveränderungen, Altersflecken, Adern. Die Knochen knackten, die Ohren summten und die Augen tränten schon nach 5min *Tagessau.*

Falsche Ziele hat man schnell eingesammelt. So ist das System aufgebaut. Die Logik dahinter ist nicht nett. Es geht nicht um Herzlichkeit oder Barmherzigkeit, sondern um die alten Ideale. Der Plan ist so durschaubar, wenn du mal deine Brille der Verblendung ablegst. Bei uns ist's wie bei den Ameisen. Unten kommen immer genug nach. Wichtig ist, dass fast alle immer beschäftigt, sind und keine Zeit zum Nachdenken haben und sich fügen.

Das schlimmste sind Bürger, die kritisch sind und sich informieren, weil sie mitreden wollen. Bürger die sich nicht wie Kinder von oben regieren lassen. Aber das ist im Ameisen-Staat nicht vorgesehen. Hier fühlen sich viele hilflos und das ist auch gut so, denn der Hilflose nimmt sein Leben nicht selbst in die Hand. Er ist dankbar für Regeln von oben, die sein Dasein in geordneten Bahnen
verlaufen lassen. Halleluja wie aufregend.

Der Kindergarten hierzulande hat fast 80 Millionen Racker. Toben und Raufen und Saufen ist erlaubt. Meinung äußern auch, so zu 85 Prozent. Nur die oberen kritisieren das geht nicht. Dann gibt's Haue von *Mudi* leitet den größten Puff Europas.

Das künstliche Dasein ist so schön unter der Käseglocke von FB, Netflix und Google. Sollen doch die anderen verrecken. Was kann ich dafür, ich mache ja nix. Glotze doch nur, arbeite 50 Jahre im gleichen Rhythmus und konsumiere so viel es geht schlechtes Zeug. So geht's dahin wie bei einem Gebirgsfluss nach einem Wolkenbruch. Alles ist graue, schnellfließende Matsche Pampe und im Gehirn ist Brei.

Plötzlich kam der Schnitter. Da bin ich dann mal kurz erwacht. Gott sei gedankt! Wiedergeburt! Ich zog mal die rosarote Brille ab und da lag es vor mir. Die Realität, das wahre Leben. Ein Dasein voller Leid, aber echter und natürlicher als der Scheiß davor. Für mich gabs nur Notbremse und Vollbremsung. Jetzt üb ich mich im Ertragen und Dulden.

Ich sag wies ist: Atombomben sind Mist, normale Bomben alles ein verflixter Kram. Friede und Freiheit das wäre normal. Unterdrückung findet niemand sonderbar. Andere ausgrenzen scheint normal. Mir das meiste und Gier als *Lebens-Motte*. Andere Verhungern wurschtegal.

Doch mir reichts, ich spürte das Leid als Alles eins. Mein Schmerz=dein Schmerz=unser Schmerz=Weltschmerz.
Ich kündige, eure Gesetze und Doppel Moral. Ich mach jetzt nur noch Yoga und Meditation. Den Dreck heb ich auf und werfe ihn weg. Etwas läuft falsch. System entrückt. Es muss auf den Prüfstand, damit die Unwucht verschwindet.

Regel das jetzt selbst. Besser ist üben und niemals aufgeben. Erkenne dich selbst, das ist deine Lebensaufgabe nicht Streaming und liken. Dein Ansehen scheiß doch drauf. Wie erbärmlich ist ein Leben mit Glück durch *clics*. Warum sind alle so freudlos und gestresst. Man wird totgerast zu welchem Zweck?

Ich bin also raus und gärtnere jetzt. Dann rette ich noch etwas die Erde, sammle Müll wie früher und suche mich dabei nicht. Jetzt strahle ich wieder, glücklich bin ich noch nicht. Aber das Leben im

Leid fühlt sich viel besser an, wie Neid und
Missgunst und ist der Verrückt wie wir.

So zog ich in die Einsamkeit, weg von den
Wölfen. Jetzt les ich Epikur, Marc Aurel, Seneca,
Siddhartha, Konfuzius, Thoreau, Laotse, Paul
Tournier und *Ko*. Bin ein stiller Philosoph und
meine, dass unsere heutige Gesellschaft dem
Glück und der Vernunft im Wege stehen.

Es braucht nicht viel fürs Leben in Würde – viel
weniger als man glaubt.
Ora et labora nicht – aber Gott in sich zu spüren
scheint mir nicht verkehrt.
Für mich ist's eine Art von ZEN, nur geh ich noch
ein Stückchen weiter denn,
dass wars auch noch nicht,
aber schon ziemlich gut.
Hoffen sie nicht auf das Glück.
Das Leben hat nicht viel davon abzugeben.

liebe ist wie
eine pusteblume die
wächst und verweht

(Ein Haiku über die Liebe.)

sonnenaufgang
warten auf erste strahlen
fehlanzeige

(Haiku – Wie ich morgens mit dem Laptop auf dem Schoß am Fenster sitze und hoffe, dass die Sonne sich zeigt. Gestern hatten wir Niesel.)

Leid

Das Leid der Welt ist mein Leid, ich kann es nicht losgelöst betrachten. Es macht mir Schmerzen. Das Leid der Hungernden ist in mir. Genauso wie das Leid der Entrechteten, Armen, der Ausgegrenzten, der Machtlosen, der durch unsere Bomben Verwaisten. Es gibt nur dieses eine Leid, das unser aller Leid ist.

Die Tage kommen und gehen

Hier bei mir ist es sehr ruhig,
der Nachbar blökt mal wieder
hinter seiner sinnlosen
Kirschlorbeerhecke, nur die Schnecken
freuen sich darüber und paar
Vögel. Die Insekten heulen.
Jetzt will ich mir einen neuen
Instant Kaffee machen, denn
eine Maschine besitze ich nicht.
Es ist kalt, draußen müssen die
Obdachlosen frieren, manche anderen
auch. Ich hab's warm, obwohl ich
nie die Heizung anmache, außer im
Bad. Das liegt daran, was für ein
Glück, dass wir die Wohnung über
dem Heizraum haben. Die Börse
steigt, die Inflation auch und die Mieten.
Alles andere wird immer schlechter.
Es fällt nach unten wie die Moral.
Rolltreppe Abwärts für die alten Werte!
Jetzt ist es mucksmäuschenstill,
endlich sind alle zur Arbeit oder wo
sie sonst immer morgens hinrennen.

Die Vögel wollen Futter und ich schmeiße
ihnen eine Handvoll in den Garten,
dann picken sie gierig die Samen auf,
als wären sie am Verhungern. Vögel sind
immer ganz nervös, zumindest die kleinen,
die die keine Raubvögel sind. Ihnen geht's

wie den meisten Leuten. Sklaven ihrer Umwelt und ihres Daseins. Dazu bestimmt gefressen zu werden oder tot umzufallen.

Die Sonne wird immer heißer, hinterm Fenster. Lange halte ich es nicht mehr aus, dann ist Schluss mit der Schreiberei. Dann geh ich mal raus in die Kälte. Einkaufen mit dem Rad.

Das letzte Jahr war schlimm für die meisten. Für die Geier nicht und auch nicht für die Adler, aber die allermeisten haben verloren und es wird nicht aufhören, weil noch nie etwas das so begonnen wurde einfach aufhört. Sie werden weitermachen bis die DDR 2.0 wieder auferstanden ist. BDDRDR nach Verlängerung 0:1. Wie damals 1974 (Sparwasser) Mir geht's noch gut. Ich kann ja nichts ändern am Schweinezyklus. Zum Widerstand ist's mir zu kalt.

Da kreischt er schon wieder hinter seiner Hecke. Mir reichts, es ist zu heiß, hinter der Matt-Scheibe (erster Schweiß) und jetzt klingelt auch noch der Packet Mann. Ich geh mal raus Schatzi!

Du Schwein

Arme Schweine überall.
Neue Sklaven all überall.

Neue Armut überall.
Zeltstätte all überall.

Viel mehr Reiche überall.
Viel mehr Arme all überall.

Superreiche hier wie dort.
Nehmen letztes Hemd mit fort.

Wenn die Scholle verdorrt.
Dann hilft vielleicht Import.

Die Natur ist verlassen.
Können sie nicht mehr fassen.

Neue Humanisten grölen:
»Transhumanismus *parölen.*«

Rosa Schweine gekotzt.
Dumm geklotzt!
Wenn die Scheiße kocht überall.
Kriegens die Armen all überall.

Zum Mond mein letztes Wort.
Wir bauen einen neuen Hort.

Hurra, Hurra, nichts wie weg, weg, weg und fort, fort, fort!

Kassettenradio

In meiner Jugend hatte ich so ein Teil. Da
kam dann die leere Agfa rein. Dann
am WE nahm ich die *Hotparade* auf.

Echte Handarbeit war das!

Alles war begrenzt. Wenn die Aufnahme misslang (doofer Radiosprecher), dann fluchte ich. Es gab keine Unendlichkeit, außer im Weltraum. Heute hört die Playlist nicht mehr auf, egal wo, bei was, welche Sache, auch im Supermarkt oder im WEB. DAS LEBEN IST GRENZENLOS GEWORDEN.

Grenzenlosigkeit raubt dir deine Freiheit?

Darum begrenze ich mich wieder. Baue Zäune
und Schutzgärten in meinem Kopf. Endlich
wieder frei.

Ende

Wir machen so weiter,
und verschließen die Augen, geht eigentl.
fast nicht mehr, aber wir bleiben ignorant.

Bald ist Ladenschluss.
Egal welches Zertifikat du vorlegst:
CO2 oder den Gelben oder Tankgutscheine
oder was du willst.

Wie blöd sind wir eigentl.!
Ich mach halt auch mit.

discounter
billig billig das echte
leben gibt's für lau

(Das wahre Leben kostet nichts, da kommt noch nicht Mal der Supermarkt mit und Geiz ist nicht geil.)

Besuch in der Waschstraße

Vorgestern hatte ich eine Lady kennengelernt
und wir hatten ein gutes Gespräch,
eigentlich wollte die einen Gemüseeintopf
essen (Streetfood Event), aber dann wurde er kalt.

Ich gab ihr meine Nummer und hoffte
Auf eine Textnachricht. Kam dann auch.
Wir machten was für Freitag aus.
Kaffeeklatsch.
Ich sollte sie abholen.

Einen Tag später fiel mir ein wie zerlumpt und unrasiert ich an diesem Tag war (eigentlich wie immer). Meine Wanderhose, die ich permanent trug, war voller Matsch vom Moor und schon den 2. Sommer war sie wie meine 2. Haut und jetzt war Herbst, noch nie gewaschen. Naja meine Haare auch. Und dann war da noch mein Auto. Eine Müllhalde. Es stand ja nur rum.

Ich hatte noch ein paar Jeans
in Reserve, die mussten es
rausreisen. Der erste Eindruck
kam nicht zurück. Also sollte
der 2. sitzen wie ein Plattschuss

Ich spürte Stress. Die Situation machte mich Nervös. Ich wollte einen Matchball bekommen. Die beste Waschanlage war in Stralsund.
Meine Tochter wollte auch mit. Sie wollte ins Shopping-Center.
Wir fuhren gg. spätem Nachmittag die *Road 105 lang*. Bis kurz vor unserem Ziel, dann gabs Straßensperre. Auf unserer Seite war Ende. Wir mussten auf einen großen Supermarktparkplatz rauf.
Dann kam ein Industriegebiet. Umleitungsschilder-nowhere. Wir irrten planlos umher. Meine Tochter schaffte es trotz dem *Huhn* nicht, uns wieder auf die alte Spur zu bringen.
Dann schrie sie mich an. Meine Fragen nervten sie. Wahrscheinlich war ich zu direkt.
Ich lieh mir ihr Handy kurz und prägte mir eine alternative Route ein. Dachte für mich nur, wo soll das alles hinführen.
Endlich an dem Waschding. Die Einfahrt war nicht ausgeschildert. Aber wir hatten Glück. Wartend in der Schlange sah ich mir den Mitarbeiter an, der gleich die Kohle kassierte, wissen wollte welches Programm und dann das Auto einseifte und abstrahlte. Diese Typen sind immer feucht.

Unser Mann hier, hatte ergrautes strähniges Haar, war mittelgroß mit Bierbauch. Die Drei nahm ich und mit Elektronik cash please.
»Nur Bargeld.«
»Da steht, dass ihr EC nehmt.«
»Gerät kaputt.«
»Dann muss ich erst Geld holen. Komme sofort wieder.«
Gaaanz entspannt blieb ich, denn ich wollte das Date nicht mit negativen Vibrationen beeinflussen. POS Terminals haben nun mal Störungen, das ist ganz normal. Digitales Zeitalter bedeutet nur in der Theorie – Paradies. Gegenüber war ein Rewe. Schnell rein, neue Aufsätze für die Zahnbürste, Klopapier und an der Kasse: »Ich möchte gerne noch 100 Euro.«
Nickt. Zack. Falsche Tasten. Kasse blockiert.
Wir mussten auf den Mann mit dem Code warten.
Während all dem Scheiß dachte ich.
Was für ein Lauf. Bald würde uns die
Scheiße bedecken, zudecken, wie der
Digi-Müll.
Der Junge an der Kasse war ein netter
Kerl. Neu, jung mit frischen Nerven (aus Glas)
und
schon gestresst. Wie geht das? Nur Weiter?
Keiner hält mal an, oder? Dabei wäre es so
wichtig.

Max.
Verletzungslevel erreicht. Roter Bereich!
Vorsicht Lebensgefahr.

Die Arme(e)n, ich spürte Mitleid. Alle in dem Laden wirkten
fertig, tumb, nicht wirklich da. Wie überall eigentlich (Konflikte). Oberflächlich – Leben ohne Tiefe. *Es bräuchte Tiefenmesser!*
Warum rennen alle so?
Supermann kam und es ging weiter. Wir konnten den Supermarkt verlassen.
Bäng, Türen zu und rüber zur Waschstraße.

BÄNG! BÄNG! Mir flog das Blech runter

Tja geschlossen. Kette davor. Wir waren überrascht. Im Internet stand 20 Uhr.
Der feuchte Keks hatte auch nix erwähnt.
Ich verlor kein weiteres Wort darüber (so war das zuhauf in der digitalen Welt) und
sagte nur: »Let´s drive back.«
Die Sonne ging über den Feldern unter.
»Weißt du«, sinnierte ich, »der ganze digital Scheiß bringt nix. Der hakt und klumpt dir nur die Adern zu.«
»Da war aber jetzt gar nichts«, antwortete Pippi, »digitales.«

Ich hielt meinen Mund. Autoversicherung,
Sommerreifen, Winterreifen, Reparatur,
Raten, Steuer, Zahlungskarte usw. Für was?
Dieser ganze
M i s t kostete mehr Lebenszeit, wie er einbrachte.
Wie schön waren die Jahre ohne Auto.
Wobei das Auto diesmal top war. Hybrid.
Damit retteten wir bestimmt das Klima.

Vorbei an der Vollsperrung.
Die Teerkolonne machte Schicht.
Diesen Knochenjob, mit dem heißen
Scheiß und immer voll im Bitumendampf,
hatte ich auch schon gemacht (wie im Mittelalter
bei der Burgerstürmung).
Normale Leute arbeiteten da nicht.
War genau wie in der Waschstraße. Nur
FEUCHTE.

Zurück in Barth sagte ich: »Wir gehen zu der
Tanke am Ortseingang.«
In der Einfahrt stand ein Bus mit der Aufschrift
Waschstraßenservice.
»Meister, wann geht die Waschanlage wieder?«
»Eine Stunde.«
Das glaubte ich nicht. Die Sonne ging unter.
Meine Tochter war geschockt.
Ihr Pappa ein

... L O O O O O S E R ...

Für mich nichts neues. Ich würde sogar wie die Spione (MAD Comics) noch eins draufsetzen:

Oberloser der Alte. For sure.

Ich gehörte zu den Menschen die herumgeschubst wurden.

Auf zur zweiten und letzten Tanke, die am Kreisel.
»Bin gespannt, was da passiert.«
Streng genommen sollte man SCHÜSSE NICHT ÜBERHÖREN. Kurz überlegte ich ob es Zeichen waren. Göttliche Fügungen die uns vor etwas warnen sollten. Ich entschied mich dagegen, weil ich sehr genau wusste wie sich göttliche Fügungen anfühlten. Hier war das ganz anders. Es war einfach nur Schrott. Nieten wie in der Tombola und ich brauchte einen sauberen Wagen für das DATE, bildete ich mir ein.

Eigentlich Schwachsinn!

Die Dame war ganz nett. Ich gab ihr zwölf. Bekam einen Code. Die Waschstraße machte

Katzen Wäsche. Das Auto blitzte. Aber viel wichtiger war doch der Innenraum. Die Sauger seien voll da,
hatte sie mir versichert.
50 Cent rein und startklar.

DIE ZEIT LIEF GEGEN UNS

Wie beim Sprint.
Jetzt wurde ich auch zu so einem Idioten der rumhetzte. Ach das war ich doch davor schon. Saugleistung gleich Null. Wie bei meiner EX. Rein zur Lady. Beschweren. Mit dem Ersatzgeld zum anderen Sauger. Tut au nix. Tot der Schlauch. Ü50 grüßt. Das ist

wie verhext (überlegte ich mir)

kommt zum Glück eine Type. Alte Arbeitssachen. Geht nicht ich schau mal. Öffnet den Kasten. Zack fummelt der an
der Elektrik und das Ding rennt. Ein Draht war Locker. *Super Saugleistung now*.
Fünfzig Cent schenkt er mir auch noch, ich brauchte
sie nicht mehr und schenke sie Pippi.

SCHMERZENSGELD

Beim Kofferraum war Ende.

Wasser und Ressourcen für saubere Autos. DER
WITZ DES TAGES.
Nächstes mal gehe ich gleich Katzen Wäsche
machen.
Dann spare ich wenigsten 30 Minuten Kilometer,
einfach.

Schätzungsweise sollte ich es ganz lassen. Alles,
auch das daten.

Dieses Leben fühlte sich doch eher an wie
Maschinenleben.

Aber der Typ,
der den Sauger reparierte,
war
endlich mal ein normaler
Typ.
Er war alt,
half spontan,
hatte die Sache im Griff
und echt cool.
Er nahm die Dinge wie sie kamen,
ohne groß Worte drüber zu verlieren,
oder Gedichte zu schreiben,
wie ich.
Ich hatte nix gelernt im Leben.
Der ewige Lehrling.

Wirecard ist überall

Was können wir aus diesem Skandal, diesem politischen Drama, diesem Staatsversagen, diesem desaströsen Verhalten der Institutionen lernen?

Die Welt ist schlecht und der Mensch, die Bürger, die Organe des Staates verhalten sich wie Wölfe unter Wölfen. Du bist entweder Wolf oder Schaaf,

dazwischen gibt es nichts nur ein paar Irre. Die Betrüger lässt man schalten und walten. Die Whistleblower werden verfolgt. Das ist nicht neu oder doch?

Der Verrat wird geliebt, den Verräter jagt man. Die Delegierten sind blind auf beiden Augen und lachen sich die Steuergelder in die prallen Taschen.

Betrug ist an der Regel/ Tagesordnung: im Sport, in der Wirtschaft, bei Mensch Ärger dich nicht, bei Doktorarbeiten, in Partnerschaften, in Lebensläufen, in Bü-

chern, in Familien, während der Mathe Klausur, in der Hofpause, während dem

Einstellungsgespräch, beim Unterzeichnen
des Mietvertrages, beim WhatsApp´en am

Handy, während wir sagen ich liebe dich.
Die Welt ist gerade n. schlechter geworden.
Das Wahre wird unwahr und das Unwahre
wahr und umgekehrt, oder? aber:

Wer sagt noch die Wahrheit!

beim sprung
in die pfütze mein
selbstbild erschüttert

acht jahre
viel kraft für
dieses nichts

Wie man funktioniert

Wie funktionieren die Männer?
Vorundzurück.
Reinundraus.

Wie funktionieren die Frauen
hochundrunter.
Reinundraus.
Linksundrechts.
Obenundunten.
KreisenimUhrzeigersinn.
KreisengegendenUhrzeigersinn.
Drückenundziehen.
Saugenundlutschen.
Knabbern.
Kleine Pause-Weitermachen.
So süß!

fernsehabend
die narzissten haben
die oberhand

Goethe und der liebe Doktor

»Hallo Herr *Troßden.*«
»Hallo. Ich kenne sie.«
»Ja richtig, ich bin Goethe. Der aus den Schulbüchern. Eigentlich darf ich das nicht, also aus dem Himmel runter auf die Erde. Aber ich wollte sie beglückwünschen und ihnen meine Hochachtung darbringen.«
Einzigartig denkt Goethe, was der abreist.
»Um was geht es genau? Ich konnte ihr Geschreibe noch nie leiden.«
»Ja gut, dann fasse ich mich kurz. Sie sind der Zauberlehrling und Dr. Faust in einer Person. Was ich theoretisch erfand, haben sie mit Leben gefüllt. Hatte die Ehre.«
»Moment, nehmen sie paar Impfdosen mit in den Himmel und seien sie nicht so verdammt kleinlich. Der eine schreibt's, der andre macht's. Ich nehm's als Kompliment.«
Im Himmel posaunen die Engel.

normal life

Domestizierungsanstalten gleich zu Beginn,
dann in den Steinbruch, wie im *Gulag*, von

nine to five, Stempelkarte

digital, Ellenbogenschläge einstecken oder
austeilen, auf deiner Seele rumtrampeln lassen, für
ein bisschen Konsum, etwas Urlaub bei
schlechtem Wetter, das alles 50 Jahre lang,
ein
MONSTRÖSES LEBEN – Meine Hochachtung,
dann sind deine Kids dran.

W(o)-LAN(g)?

Hotline, zwei mal vier Stunden, gestern und
heute. Kam nicht durch. Wie
viele Stunden hatte ich schon in Hotlines
verbracht. Das Internet geht jetzt, mir
reichts. Aber dem 14. Februar wird dann
wieder analog gelesen oder die
Sterne beobachtet.

Perfektionismus

Der Ball liegt in der Mitte von dir,
genau da im Mittelfeld ist er liegen
geblieben. Die Entfernung zwischen

euch ist etwa gleich. Nicht losrennen,
weil du dir nicht sicher bist ob du ihn
bekommst, ob du als erste dran bist

am Ball. Das Leben bekommt auf
einmal hässliche Kanten. Es ist eine
Blamage vor deinen Mitspielerinnen

nicht losgelaufen zu sein. So kann
man nicht gewinnen. Aber was für
eine Blamage hingerannt zu sein

und als zweite am Ball gewesen zu
sein. Eine Blamage vor dir selbst,
das schlimmste was du dir vorstellen

kannst. Es fühlt sich viel besser an,
erst gar nicht losgerannt zu sein, es
erst überhaupt gar nicht versucht zu

haben. Das Leben ist voller Stolperer
und da ist es schon schlau am besten
auf dem Bett waagrecht liegen zu bleiben,

denn wer versucht Dinge zu erledigen,
Aufgaben oder Projekte zu tun wird scheitern –
Scheiße da machst du nicht mit!

Buchstabensuppe

Du schreibst Gedichte wie am
Fließband
meinte neulich
einer meiner Leser und dann
ergänzte er zum Glück noch, deinen letzten
Gedichtband, lass ich in einem Rutsch
durch. Gut dachte ich bei einer Sache
hatte er Recht, ich schrieb wie besessen,
manchmal 18 Stunden am Tag, es
sprudelte einfach so raus, als wäre ich
Schriftsteller oder wie, wenn ich was
großartiges mitzuteilen hätte, dabei hatte
meine Schreiberei mehr Quantität als
Design. So langsam wurde der Rücken krumm,
die Augen stumpf und der Rest krank. Aber es
wollte auch kein ENDE nehmen, wie bei der
Buchstabensuppe oder beim Scrabbel, einer findet
immer noch ein Wort.

Ich halte meinen Mund

Neulich war ich auf einer illegalen
Corona-Party so eine wie sie die
Stars, jetzt oft ausrichten so ein
Party Graumarkt, wie an der Börse eben oder
früher während
der Prohibition.
So die Party (3) war top so wie immer so,
weil ich mich fast nie langweile, egal wo ich bin
oder was es
gibt. Wenn's mir zu Dicke kommt, dann
Kopfkino (Meditation) oder Beobachten, tiefes
reines
STAR R E N
wenn es dann
sogar Gin gibt ist alles TOP! So ich suchte mir ein
ruhiges Plätzchen
und so fand ich es in einer Ecke so
in der Nähe einer Balkon Türe, so was
ist mir wichtig, denn so Gott will kann
ich leise, still und heimlich einfach abhauen
oder so mal in den Garten pinkeln, ich mache
am liebsten in die Natur, kommt mir am
natürlichsten vor,
denn so Party (13) Toiletten sind oft so
überlastet und so schmutzig und
solange Mann noch nüchtern ist habe
ich noch so etwas wie

Kontenanze
so frägt mich da eine warum ich so still
wäre und so, so dachte ich mir das wars du
bist ertappt. Sie merken, dass du ein alter Spanner
bist.
Darum sagte ich zu ihr meine
STANDARD FLOSKEL

ich will
einfach nicht, dass hinterher
jemand zu
mir so (21) sagt oder behauptet ich hätte so
oder so gequatscht oder so oder so,
das würde mich stören, deshalb rede ich
nie so oder so, dann kann es hinterher auch
keiner behaupten der hat so geredet– so (29) das
wars!
Ich lasse mich nicht gerne in Schubladen drängen.
Die
Lady
hatte Unrecht und überhaupt nichts verstanden.
Ich ließ sie stehen und ging in den Garten, machte
mein Business und suchte mir einen neuen
Beobachtungsposten, diesmal vor einem Fenster,
so konnte ich hinein glotzen, aber keiner
wollte mit mir reden. So ist das immer, die Leute
sind einfach viel zu sehr mit sich selbst
beschäftigt und so Typen wie mich, die umgibt
so eine Aura der Freiheit. Die anderen spüren der

ist anders, sieht zwar aus wie ein Clochard, aber
aus
allen Poren verströmt der Penner FREIHEIT
und davor haben sie SO (26):

Schiss

Mir wars gehupst wie gekniet. Auf dem Weg zur
Bar,
lächelte ich freundlich, jeden an und erntete oft
abweisende Blicke, EINFACH SO, OBWOHL
DIE die mich nicht mal kannten, ab und zu auch
ein Lächeln, dann
freute ich mich und dachte mir, was für eine tolle
Party und was für nette Gäste, so individuelle wie
ein Haufen Pinguine im Eissturm, sozusagen (29).
Ich schwor so vor mich hin, dass es das letzte Mal
war. So so jetzt ist erstmal Schluss!

märchenstunde
und am ende lebte sie
mit long pubertät

Schneewittchen

Heute morgen stand ich spät auf.
Zuletzt lag ich im Bett und meditierte,
darüber bin ich wieder weggedöst.
Schmerzen von der Schmetterlingsstellung
weckten mich.
Dann schaltete ich das Handy ein
und da waren mehrere Nachrichten
bei der grünen App und bei der schwarzen.
Schneewittchen wollte vorbekommen,
gg. 09:00 Uhr.
Jetzt war es 08:42 Uhr.
Sie sah wirklich aus wie Schneewittchen, trug
diesen
großen roten Lodenmantel und einen Rock,
bei mir wurde sie dann aber zu
Schneeflitchen.
Ich war ja auch (k)ein *böser Wolf,* eher ein
Hoppelhase.
Ich schrieb ihr gerne, sprang auf und tat
das notwendigste um meiner Bude den
Look einer gammeligen Bärenhöhle zu
nehmen. Ein kurzer Blick in den Spiegel
zerstörte, wie jeden Morgen alle Hoffnungen.
Wer war der Typ da und wo war der
andere der gutaussehende, aus meinen Träumen?
Sie wollte nicht reinkommen, ich sah nur rot
und gab mir eine Tüte,

darin Apfelkompott und drei scharfe Peperoni. Dann berührte sie mich an der Hüfte, das erste Mal. Ich trug noch den Pyjama vom ersten Weltkrieg, mit Einschusslöchern überall.
Ein sanfter Kuss unter der Eingangstür und sie ging wieder.

Kein schönes Märchen, mit
Happy-Endings.

gottesdienst
dein schuss war ein
volltreffer

sonnenuntergang
seebrücke das
ende naht

(Abb. 6)

Suizid III

Dieser Selbstmord war einfach so daneben, dass er hier erwähnt werden muss. Sie riefen mich zu einer Leiche bei den *Öffis*. Da hing so ein armer Tropf. Schnell war klar Selbstmord.
Aber warum gerade hier, an einer Bushaltestelle, hatte er sich aufgeknöpft. Rapido wurde bekannt, es war aus Liebe. Der gute Kerl hatte so Liebeskummer, dass er sich killen musste. Er dachte, dass nur noch das hilft.
Aber der Gute tat es nicht ganz uneigennützig. Es gab noch eine offene Rechnung, die er präsentieren wollte. Schätzungsweise sogar der ganzen City. Leistungsempfänger sollte die EXE sein, denn das war für gewöhnlich ihre Linie und er wollte, dass sie ihn so an ihrer Haltestelle hängen sah. Eine Retoure für entgangene Liebe oder so was wie Opportunitätskosten die man der ehemaligen in Rechnung stellt.
Naja ganz fair ist sowas nie. Töten aus Liebeskummer, scheint auch keine gute Alternative bei ca. 33 Millionen potentiellen Anwärterinnen, alleine in Allemania. Es gehörte wohl schon etwas Größenselbst dazu, zu glauben es hätte nur die eine gegeben. Erinnert irgendwie an Shopping Queen dachte ich damals, also wenn das Outfit trotz Engagement durchfiel.

Schätzungsweise hatte Mr. *Hangman* auch noch nie was von *Die Kunst des Liebens* von Fromm gehört, da hätte er sich den ganzen Zauber ersparen können. Aber das dümmste war, dass er sich nicht etwa an der Haltestelle täuschte oder der Uhrzeit, denn die Adressatin bekam in so nie zu Gesicht. Der schamlose über die Abfahrtszeiten geklebte Abschiedsbrief fand an diesem Tag nur wenige Leser, die sich davon überzeugen konnten, dass gut gemeint, nicht immer gut gemacht ist und alternativlos auch falsch sein kann.

Natürlich brauchte der fremdgehemmte Casanova Zeit für dieses Drama und so entschloss er sich das an einem Tag abzuziehen an dem er nicht zur Arbeit musste, denn es war ein Feiertag. Man kann es schon erahnen, seine Ex hatte auch frei und schlief friedlich, während sich der arme Erdenbürger, der mal ihr geliebter Freund war für sie oder wegen ihr oder um sich unsterblich zu machen das Leben nahm.
(Das mit der Liebe hört viel zu schnell auf. Liebe lässt sich nicht durchhalten? So schade.)
Große Berühmtheit erlangte er nicht. Eher wie ein Komparse, der sich in der Szene irrte und das Publikum belustigte. Mir verursachten solche Taten Kopfschütteln und Mitleid, denn das Leben ist doch so grell-geil und Liebeskummer ist einer der sinnlosesten Gründe auszuchecken.

Wo ich Gott nie suchen würde

DIEKIRCHENHABENSOVIELEJAHRTAUSEN
DEMITMENSCHENVERFOLGTFALSCHERE
DEGEFÜHRTHEXENVERBRANNTKRANKE
VERBANNTKINDERGESCHÄNDETMISSBRA
UCHTBETROGENGELOGENVERTUSCHTAL
LETOTSÜNDENGELEBTGELIEBTINDERGR
ÖßTENNOTDIEPFORTENVERSCHLOSSEND
ENKOPFEINGEZOGENDENPACHTZINSERH
ÖHTSCHWULEDISKIRMINIERTWASSERGE
PREDIGTWEINGETRUNKENPRACHTBAUTE
NGEBAUTGELDGEHORTETWÄHRENDWOA
NDERSSCHAFEVERHUNGERTENMITDEMS
CHWERTMISSIONIERTETC.ETC.DARUMWÜ
RDEICHNIEINGOTTESHÄUSERNDENLIEBE
NGOTTSUCHENDENNHIERISTALLESVOLL
SCHLECHTEMKARMADIESCHWINGUNGEN
SCHRECKLICHAMEN!GOTTFINDETMANDA
NNNOCHBESSERIMHERZENODEREINERBL
UMEODERIMHIMMELODERHALTDOCHIND
ERKIRCHE.

Ich *niks*

Ich weiß nix
Ich kann nix
Ich bin überall ein Laie geblieben.
Ich habe bissel Hoffnung –
Vielleicht schaffe ich es bald
niks mehr zu *Wollentun*, dann wär auch
niks mehr los und der GANZE Druck weg.
So einfach mit dem niks!

bauernhof
schwarz-weiß Kühe
in farbe

Leistung als Lebensmodel

Die Zeiten ändern sich, eigentlich ist das
KEINE SCHLAGZEILE WERT
Hören wir also wieder auf?
DIE MODERNE WELT MACHT UNS ZU SKLAVEN. Auch nichts neues!
Wir entscheiden nicht mehr was wir tun oder nicht tun.
Das bestimmen die, die ganz oben, an der Spitze der Kukulcán Pyramide stehen.
Von da oben aus gesehen sind wir nur Nummern. Wie damals in den *Gulags*.
Doch heute ist die Nummer transformiert zu einem
Datensatz.
Wir haben den Wert.
0 oder 1.
Es wird W Ü R D E L O S.
Sie wollen dich krank machen.
Zerstören?
Heute muss man deshalb einfach schauen, wie man überlebt. Der
Überlebenskampf hat begonnen.
Wie in der Stierarena (der Degen ist jetzt digital)
Ein Computerspiel, pass auf deinen Spieler auf und mache ihn schlauer. Player one Ready? Es geht nur noch um

Leistung und mehr, mehr, mehr.
Erfolg ist das Einzige was zählt. Insert another Coin und mach deinen Spieler fertig für das *geballere* bei *Phönix*. Am Ende gewinnt immer die Maschine bzw. die Maschinenbauer, bzw. die Besitzer der Maschinen, bzw. die wo den Schlüssel für das Kleingeldfach haben. Apropos besaß ich auch mal so einen.

Überall weiße Tauben

Gestern kam ich an einer Bushaltestelle vorbei. Direkt an der Schule. Wir hatten eine leichte Brise. Es fühlte sich kalt an. Da saß eine Schülerin, ganz alleine und wartete. Die Schulbusse waren schon lange weg. Sie blickte auf den Boden. Zeigte keine Reaktion. Ich lächelte sie an und machte ihr ein Zeichen. Nichts. Sie schien gedankenverloren, wie man es nur in der Jugend ist und traurig, zumindest was ich in den Augen ablesen konnte, denn der *rESt* war mit einer weißen Maske verdeckt. Wie eine weiße Taube dachte ich.

Bad news – all the time

Die online Zeitung ist voll mit schlechten
niederschmetternden Nachrichten.
Überall Killerviren, Killernatur, Killernahrung,
Killertypen, Killerjobs, Killersysteme:

OVERKILL – MODUS wurde aktiviert.

Es fehlen die Sonnenblumen (pflück mal wieder
Blumen auf dem Feld), der Blick geht
immer auf das negative,
FOKUS AUF DEN MÜLL.
Das macht krank sagte der Arzt:

»DIAGNOSE ABFALL-PSYCHOSE.«

Behandlung:

»BAD NEWS STOPP.
Zurück in die Natur.«

Der Weg des Herzens …

… ist der Pfad, der im Leben,
eigentlich am leichtesten zu finden ist.
Immer der Nase nach, dahin wo die
guten, vernünftigen Aufgaben warten.
Sieh mit dem Herzen, nicht mit dem Verstand.
Es gibt nur diesen einen Weg des Herzens,
er führt immer da lang,
wo es schmerzt,
wo es weh tut,
wo es holprig wird,
wo wir eigentlich nicht lang wollen,
wo es manchmal neblig ist,
wo es kein Dauerglück gibt,
wo es Tränen regnet,
wo es nicht ständig glitzert,
wo es keinen Dauer Videostrom gibt,
wo es echten Glauben gibt, (Gott ist in dir)
wo es ab und zu zäh fließt,
wo es viele Rückschläge gibt,
wo es sich anfühlt wie durchs Watt,
wo es kein Haben gibt,
wo es echte Mittel zum Leben gibt,
wo es viel Natur hat,
wo es kein Ziel gibt,
wo es sich lohnt, wach zu bleiben,
wo der Schlaf still und die Nacht dunkel ist,
wo es keine Bilder hat,

wo es viel *Mut braucht alleine zu stehen,*
wo es Verletzungen hagelt,
da gehst du jetzt lang. *Einen Tipp noch!*
Vergiss den Verbandskasten nicht.

Angst

Hast du Angst?
Vielleicht vor dem nächsten Tag.
Vor deinem Partner,
vor den Prüfungen des Lebens,
vor deinem Richter und seinem Urteil?
Das ist normal. Du solltest einfach keine
ANGST haben. Nur etwas
Lampenfieber!
Denn zuviel Angst macht blind. Angst macht
deinen Geist dunkel. In der Finsternis
neigt man dann dazu auf alles zu feuern, was
sich bewegt, aus Selbstschutz und zur
Sicherheit, aber das ist nicht die
liebevolle Handlung:
Die würde die Hand reichen und sagen was
wollen wir gemeinsam dagegen tun!

Neue Ausgrenzung

Zeiten ändern dich.
Kapos tun einfach einen Strich.

Ausradiert das alte Leben.
Im neuen wird es nicht mehr so viel Feenstaub geben.

Aus 3G, wird zwo G,
dann 5G und am Ende geh weg.

Neue Sachlichkeit war in *Mannem.*
Liberale Einwanderungsstadt Mannheim.
Neue Grenzen auch in *Monnem*?

Die Unterirdischen (VacCovs) sind anti-anti,
deshalb Hausarrest avanti.

Keine Gutmenschen wie wir.
Die sind doch wie das *Getier.*

Passen sich nicht an,
gehen an die *Spritz* nicht ran (viel. Angst).

Ich kann andersdenkende nicht ab,
wegen denen macht die BRD schlapp.

Die Demokratie erlebt Gefahr,
die Staatsfeinde sind wahr, nicht *etwar* rar.

Hoffentlich gibt's noch ein zurück
sonst werd ich noch zerdrückt.

Sollten wir nicht besser zusammenhalten,
wie uns weiter zu spalten.

Es ist wie bei Dreyfus ein Riss,
durch alle Familien geht verriss.

Ich hab eine Vision,
so ähnlich wie Inklusion.

Jeder tut was er kann,
keiner macht den andern blöd an.

Jeder darf spazieren gehen,
und auch mal im Nebel krähen,
eine gute Demokratie fänd das fein.

Die Offenheit wird gekillt.
Wir sind nicht gewillt,
unsere Maßnahmen zu reflektieren,
selbst wenn unsere Parameter erodieren.

Klimakrise interessiert uns nicht.
Auch der Rest ist alles Mist.
Nur Long-KOWID sticht.
Haben ist unsere Gicht.

Der Gesundheit-s-pass ist für die Guten.
Ein Zeichen zum Erkennen.
Die anderen werden sich sputen
wenn ihr doofes Dasein flutet.

Für alle Unterirdischen gibt´s Massentierhaltung.
unbelehrbare volle Abschaltung.
A C H T U N G!

Du bist irre

Die Gesellschaft ist krank.
Das zwanzigste Jahrhundert war sehr brutal.
Erster WK (Giftgas),
2.WK (Massenvernichtung) +

die G O TT B O M B E
für NAGASAKI bis HIROSHIMA

Koreakrieg,
Vietnamkrieg – etc.
Das einundzwanzigste geht brutal weiter
Yugoslawienkonflikt,
Libyen, Syrien, Irak, Krim, Jemen, Afrika.
Seit der Antike geht das so.
Friede ist nicht … ein Teil dieses PRGs.
Wir sind Tiere,
die Artfremd gehalten werden.
Wir sind Zerstörer, wie die *Bißmarg*.
Wir werden auch das gleiche Schicksal
bekommen? Wahrscheinlich!
Wir sind steuerlos, wir treiben
dem Untergang entgegen.
Wir sollten aufwachen! Uns verändern.
Nicht mehr das Blut trinken.
Besser Bäume umarmen.
Uns wieder mit der Natur vernetzen (www.natur).

Dämonen

Früher hatte ich an die geglaubt und nicht.
Heute sind sie mehr
Realität
geworden als mir lieb ist.
Das Leben fühlt sich
dämonisch
an. Aus den Nachrichten grinsen mich
Dämonen an und verkünden ihren
teuflischen Plan. Und aus meinem
Inneren melden sich auch welche
und schreien ganz laut:
»Es wird schlimm enden.« und «wir müssen zu
unserem Schutz:«
»Alle Abweichler plätten.«
»Kein Erbarmen für unsere Ideen.«
»Gewalt ist gut, Gier auch.«
»Wir sind stärker, deshalb sind wir im Recht.«
»Plastikröhrchen sind verboten und
Barmherzigkeit auch.«
Die verdammten Dämonen
rauben mir meine Hoffnung.
Schwer zu ertragen der ganze Mist. Wo ist
die nächste Wüste?

Arbeitsamt

Ein Künstlerkollege, den ich mal auf einer Demo kennenlernte, schilderte mir neulich im *Großen-Krankheits-Wahnsinns-Land*, wie er wegen eines Termins zum Arbeitsamt in Baden-Baden musste.
Der Cookie, ist ein viel besserer Künstler und Mensch als ich. Wir haben aber eine Sache gemeinsam, das wäre unser mangelndes Verkaufsinteresse. Bei ihm stapeln sich die wirklich geilen Kunstwerke und bei mir der Schrott, denn ich tippe. Gequälte Buchstaben, vor Leid schreiende Zeilen – kein positiver flow kommt hier raus.

Er meinte immer: »Gib dem Robert ein Blatt und 3 Minuten Zeit und er schreibt dir eine Story runter, die deine Stimmung in einen eiskalten Gletscherbach zieht, bei dem du nach der dritten Zeile zu heulen anfängst (vor Kälte Schmerz) und am Ende in einer tiefen Depression gefangen bist.«

Glaube er übertreibt da etwas, denn eigentlich ist meine Grundeinstellung zum Leben positiv. Es ist grell-geil, nur die Menschheit passt da nicht rein. Sie ist so wie sie ist, ein *Zerstörfaktor*. Also der Cookie musste mal wieder aufs Amt. Die üblichen Termine, sonst streichen sie dir was. Er kommt da hin und am Eingang war alles voll mit

Security. Die müssen sich vor ihren Bürgern schützen. Früher war das nicht so auf den Stuben. Heute wirkt das wie im Mittelalter, wenn der König Almosen verteilt oder im Knast, wenn Hofgang ist oder es Essen gibt. Die Würde geht da schnell mal flöten. Wer nicht pariert fliegt oder kriegt die Fresse voll oder die Strafarbeit Kürzung deiner Würde, Menschenrechts Verlust und Almosen nur bei guter Führung und mit ISO Zertifikat.

Eine Tussi fragte ihn dann nach seinem Termin und er gab ihr daraufhin seinen Brief in die Hand, wo alles drinstand. Sie laß ihn durch und sagte dann, dass er sich eine Friedens-Maske aufsetzen sollte.
Cookie erklärte, dass er das nicht darf und auch ein Attest dafür hat. Cookie hat es etwas mit den Lungen und ihm wird schnell schwarz vor Augen und dann fällt er einfach so um.

Daraufhin, meinte sie, dass sie es sehen möchte. Cookie ist so ein Typ, der wie ich der Meinung ist, dass wir in einem Alptraum leben, das Leben aber ansonsten ein *#geilertripp* ist. Er versuchte seinen Dharma Weg zu gehen wie ich. Höflich aber mit Würde und immer voller Respekt für jeden. Ich glaube ihm rutscht da schon mal der Ball weg, also ich meine die Hutschnur reist. Aber es ist auch schwierig, wenn man noch einen Restfunken von Würde und Ehre besitzt, nicht

renitent zu werden, wenn versucht wird auch noch diese letzte Glut zu löschen.
»Armes Cookie! Armer Keks!«

Er kennt die Frau nicht und meinte konternd, dass sie ihm erstmal ihren Ausweis zeigen sollte und er wollte wissen ob sie dazu überhaupt berechtigt ist. Dürfen die da einfach kontrollieren?

Was für einen Ausweis entgegnete die Lady entsetzt? Na, dass sie mich hier checken erwiderte Cookie. Sie bräuchte das nicht kam lapidar rüber. Das ist so eine typische Antwort von jemandem, der einfach alle Trümpfe in seiner Hand hält. Auf alle Fälle wenig emphatisch, denn die Menschen, die hier zum Amt kommen, sind in der Regel nicht die Millionäre aus Baden-Baden. Es sind Mitbürger, die auf Barmherzigkeit angewiesen sind. Sie sind ganz unten und viele haben Existenzsorgen und Hunger.

Cookie setzte noch einen drauf und meinte, dass sie keine Berechtigung hätte, hier seine privaten Daten einzusehen. Jetzt wird blöd geglotzt. Sie glotzt den Sheriff herbei. Der kommt auch prompt. Und unisono, wie so ein Propaganda Sender oder bei MC Donalds die Fritteusen, tönt es, er solle eine Maske anziehen.

Gleiche Story nochmal, die MA, hilft nicht. Cookie erklärte, dass er eine Befreiung habe. So läuft das hier aber nicht, brüllt der Sheriff. Also Atteste zählen nichts mehr? Genau wie Ärzte mit anderer Meinung oder Ärzte die *schimpfen* wollen, verlieren zum Teil ihre Anstellung und mehr? Überhaupt, jeder der was dagegen sagt fliegt zumindest nach rechts und bekommt den Shitstorm.

Ein neues Massenphänomen: Andersdenker (wie Hannah Ahrendt) werden wiedergeboren, viele neue Rebellinnen entstehen auf dem Papier und radikale Linksaußen, die wie Phönix aus der Lethargie der liberalen Meinungsasche aufstiegen.

Rufen sie doch bitte die Sachbearbeiterin an und klären sie das mit ihr, sie hat mich ja für heute einbestellt?

Der Sheriff will ihn derweil rauswerfen. Ohne Maske kein Termin. Hier läuft es anders, sagte er nochmal deutlich drohend.

Cookie wird jetzt wütend und meinte, dass ihm das Scheißegal ist wie das hier läuft oder laufen soll. Er habe diesen Termin nicht freiwillig und wolle auch gar nicht hier sein.

Jetzt sind alle baff oder beleidigt. Sie gehen und Cookie wartet so etwa 15 Minuten ohne Maske. Es passierte nix. Er dachte die hätten die Sachbearbeiterin angerufen und die käme jetzt halt kurz runter und kurzer Smalltalk und auf Wiedersehen. Was will das Amt in Lockdown Zeiten auch mit einem Künstler anfangen.

Möglicherweise zur weiteren Demütigung weggeworfene *weiße Friedenstauben* einsammeln lassen.

Cookie geht irgendwann zu einer Tussi vom Security. Einfach mal Partnerwechsel, wenn es nicht rund läuft. Wie im echten Leben. Er hält ihr sein Schreiben unter die Nase. Er möchte eine Bestätigung und Unterschrift, dass er da war, nicht vorgelassen wurde und so weiter.

Die ist aber gleich schnippisch und meinte, sie macht gar niks, wie die *Beatniks*. Unterschreibt auch nix. Cookie bittet dann zumindest um eine Bestätigung, dass er da war, zu rechten Zeit am bestimmten Ort usw. Sie bleibt stur. Er solle doch mal anrufen. Cookie gibt den Stock zurück und meinte, rufen sie doch bitte an, sie haben doch hier ein Haustelefon.

Nöööö, sagte die Sheriff*in, sie macht das nicht. Sie hätte auch keine Nummer. Die steht da, erklärte der Delinquent Cookie.

Nöööö, schon wieder und geht und lässt ihn stehen. Der große Sheriff von vorhin kommt und drückt ihn sachte nach draußen (UZW).

Vom kalten Asphalt der Straße ruft Cookie dann seine Sachbearbeiterin an und landete aber bei einer anderen. Er schilderte sein Anliegen, Brief, Termin, stehe hier, darf nicht rein, Attest blablabla.

Die kompetente Fachfrau, will aber erstmal, das Thema mit der Maske besprechen. Warum wollen sie denn keine Maske tragen? Cookie erklärte wieder und wieder, dass er das nicht dürfe, kaputte Raucherlungen halt. Und er raucht immer noch.

Ihre Synthese lautete, dann wie folgt: »Sie dürfen aus Gesundheitlichen Gründen keine Maske tragen!«

Ja richtig. Es keimt Hoffnung auf. Ein empathischer barmherziger Mensch, der rational denken kann. Frauen sind einfach die besseren Wesen. Mitfühlender, schlauer, weiser.

Wenn sie die Haftung übernehmen wollten für mich, wenn ich Maske trage, das wollen sie doch nicht? Wenn mir was passiert auf der Treppe oder beim Aufstehen. Cookie trägt noch dicker auf: »Wenn sie die Haftung übernehmen, dann dürften sie mich auch testen und dann ziehe ich halt das Ding auf.«

Es wird ruhig in der Leitung und Cookie geht ein *Aha* durch den Kopf. Er schlägt vor die Unterlagen in den Briefkasten zu werfen und gesprochen hätten sie ja jetzt miteinander. Ich war da! Oke? Sie könnte es ja weitergeben an seine Sachbearbeiterin.

Aber das wollte sie nicht. Sie ergänzte, dass seine Sachbearbeiterin der Auffassung ist, dass der Termin dann geplatzt sei und sie feststellen, dass er nicht die nötige Mitarbeit und Einstellung an den Tag legt und seine Leistungen gekürzt werden.

Cookie war raus und sauer und gedemütigt. Er setzte dann noch einen Vertrag auf, so etwas wie eine Unterlassungserklärung, in der er zwei Millionen Euro forderte, falls er das Amt unter diesen Bedingungen betritt und ihm etwas zustößt.

Ich mochte ihn. Er war so herrlich schräg und seine Kunstwerke der Hammer. Ja es war schon demütigend in den sozialen Netzen zu hängen, aber immerhin blieb dann genug Zeit für die Kunst und neue Inspiration bekam man so auch. Wer braucht schon dieses langweilige Leben. Proust wusste es genau. Irgendwie war auch der Lösungsorientierte Ansatz raus aus den Köpfen und drin war Fehler finden und drauf. Im Straßenverkehr merkt man das sehr deutlich. Manche rasen auf deinen vermeintlichen Fehler, um dann nervig zu hupen oder zu schimpfen. Die Kessel kochen grade sehr kräftig und jedes Mittel Druck abzulassen ist willkommen. Die Zeiten werden rauer und die nächste Gruppe die fertig gemacht wird könnten die Almosen Empfänger sein? Warum auch nicht, die Superreichen werden nichts abgeben. (Friede und Teilen das wäre mein Wunsch – keiner hat mehr wie der andere.}

Ein Pflänzchen

Ich will immer viel mehr,
aber mein Körper schafft das
NICHT!
Ich bin ein Herkules im Geiste,
aber ein
Pflänzchen in der Realität und mein
innerer Schweinehund ist total
ungezogen. *Damned.*!

I love Kevlar

Was hatte ich nicht für eine tolle GEILE
Schutzweste aus
KEVLAR.
Die ersten Modelle waren sackschwer.
Nach einer Runde Dienst warst du wie
gemolken. Die erste war braun die 2.
blau und leichter und viel schicker.
Lieber Kevlarfaden du hast mir das
Leben gerettet. Danke!

Arche Noah

KUNST IST WIE EINE ARCHE NOAH
INMITTEN DER
DUMMHEIT,
ein Anker, ein Fels in der Brandung, eine
Rettungsinsel – WIDERSTAND gg. die
Taubheit!!!

Labana

Mir ist das schon immer aufgefallen. Aber
ich hatte nie richtig drüber nachgedacht,
obwohl es so offensichtlich war.
Ich hatte schon eine Freundin,
eine Sekretärin des gleichen Dezernats,
bei der war das auch so!
Dann fing meine jüngste damit an und
mir wurde es wieder bewusst. Dann war's
mal saukalt im Winter und ich musste
auf dem Hof aushalten bis die Reitstunde mit
Labana fertig war. Da bemerkte ich es:
Nur Frauen, überall nur Frauen beim Reiten.
»What the hell is going on!«, dachte ich.

Einen Mensch rechnen

Sonntag. Ich trinke einen Kaffee und
blicke über die Birken in den Himmel.
Mir ist komisch zumute.
Das Leben klinkt sich gerade aus.
Da kommt mir dieser Gedanke.
Wahrscheinlich, weil ich die
ganze Nacht kein Auge
zugemacht hatte. Ich durfte in einem fremden
Bett schlafen, mit Blick in den Himmel.

Da kam mir dieser Gedanke, wahrscheinlich
wegen Übermüdung. Ich wollte einen Menschen
addieren.
Hülle plus Spirit, plus Psyche, plus
Geist, minus gerade getragenen Plunder,
Minus Goldzähne, plus Festplatte,
plus X (das Metaphysische,
das einzigartige).

Summa summarum alles ein großer
Haufen wertloser Moleküle mit viel
Wasser Drumherum.
Auch die Festplatte mit dem ganzen Wissen
eines Prof. wertlos! Mein Mobile weiß viel mehr.
Also alles nur ein Quantenfurz?

Emotionen, todesmutig und trotz Blödheit,

weise sein können, das ist der Mensch, aber das
alles führt ja zu nichts in einer endlichen Welt.

Nur X (das göttliche) könnte noch was einbringen.
Alle
Hoffnungen ruhen darauf.

XXX…

Richter Salomon

Jeder will doch eigentlich nur ein guter
Mensch sein.
Besser werden, an sich feilen, die eigene
Leistung optimieren.
So weise wie Richter Salomon sprechen.
Mir kommen die Tränen.

Ein Straßenmusikant

Mein Kleingeld, das sammelte ich immer
und gab es in die Zählmaschine bei der
roten *Spaßkasse*. Ungefähr 60 bis 80 Euro.

Irgendwann entschloss ich mich dann, es
doch lieber zu spenden. Seither steckte
ich es in die St. Marienkirche.

Das war viel Arbeit. Ich radelte da hin
und verteilte es gleichmäßig in die drei
Sammelboxen. Ein mühsames Geschäft.

Heute war die Kirche zu wegen der
Pandemie. Da radelte ich halt weiter zum
Puerto, denn dort erklang Musik.

Er spielte sehr gut und sang auch top.
Da legte ich ihm den ganzen Haufen Kohle
in seine Instrumentenbox. Ein Aufschrei.

Er war überwältigt und schenkte mir
Redezeit. Erklärte mir, dass das Leben eines
Straßenmusikanten grade richtig mies sei.

Ich spürte Mitleid, dachte mir aber, Gott
mein lieber hat dich nicht vergessen, die
Abgeordneten vielleicht schon.

sonnenaufgang
mit meiner LIEBE
töte ich mich

GRILLPARTY
FLEISCH BRUTZELT WIE
IN NAGASAKI

abendessen
mutters katze
hat blasenentzündung

Der Mond

Manchmal spüre ich es ganz deutlich.
Gerade sah ich den Mond
dottergelb aufgehen.
Zuerst dachte ich an Weltuntergang.
Dann kam mir in den Sinn, dass ich
noch nichts beeindruckenderes sah.
Am Zingster Strand war vor mir die Sonne, beim
Darßer Leuchtturm untergegangen und
hinter mir bei Pramort stieg der irre,
wunderbare Mond aus dem Wasser auf
und die See kam ein Stück näher.
Da spürte ich es! Dieses ganze
GIFT in mir!
Mir wurde klar, *das sollte da nicht sein.*
Ich bin total vergiftet, mein Körper und
der Kopf, voller Giftschlamm. *Aber
das Zeug sollte da nicht sein!*
Ich sollte versuchen es rauszukriegen,
denn der Kram macht Falten, nicht nur am ARSCH. Ich müsste dringend in eine
Konditionierungs-Entgiftungskur. Aber es gab keine, wurde nicht angeboten, ich fand nix. Das Zeug blieb drin. Es half alles nichts. Man würde daran krepieren, wie die anderen 7,9 Milliarden Humans. Es schien mir eines der größten
Geschäfte, die brach lagen. *Warum eigentlich?*

3 Peperoni

Ich bin nicht sonderlich stabil,
von außen sieht das keiner,
außer diese Bekannte,
die kam mal morgens kurz
vorbei und brachte mir drei
scharfe Peperoni. Hatte sich verkauft
mit den Dingern.
Da meinte sie im Schlafanzug,
kommst du mir zerbrechlich vor.
Dann war sie wieder weg.
Sie hatte wohl recht.
Ich bin wie ein Apfel mit einem Wurm.
Es ist nicht viel los mit meiner
Psyche. Kein
Selbstvertrauen.
Aber ich gebe mir Mühe keinen zu verletzten.
Und die anderen mit meinem Herz
zu berühren und der
Wurm frisst sich sanft weiter durch
mein zuckersüßes Fruchtfleisch, vielleicht
habe ich Glück und er fällt irgendwann,
weil er unvorsichtig ist, raus oder er
platzt.

Drecks-Cocktails

Was vielen fehlt ist der DRECK, dass
mal der *DREC* um sie rum hochspritzt.
Die Luft voller D R E CK und Staub ist.
Sie sich in den *DREG* werfen müssen
und der *DREK* gefressen wird.
D r e c k macht Demut.
Bei andern sind wir da nicht so zimperlich.
Denen schenken wir unseren *DREKK*
tonnenweise.

Es wird Zeit, dass die Leute hier
Auch mal *DRECC* abbekommen und wenn's
nur der *DRECH* ist den sie verursachen.

Der TRECK wird kommen,
die Trichter werden kommen,
die DRECKFRESSER werden überall sein,
wenn auch bei uns die
Bomben fliegen.
Schätzungsweise erhalten wir genau die
KRACHER back,
die wir schenkten, inklusive der unterdrückten,
unschuldigen toten DREGFRSSER.
Wohl bekomms! Ein
DRECKS-COKTAIL ohne Alkohol wird das.

Der Zitronenrosinenstrauch

Gerade schelte es an der Tür. Ich machte
nicht auf.
Der Paketmann klingelt immer bei mir, weil
er weiß, dass der Schriftsteller immer
auf dem Schwinger sitzt und tippt.
Aber heute mal nicht.
Hat mich aber, dann doch interessiert,
wer's war.

Es war Hatschepsut.
Sie hatte eine Papiertüte dabei.
Denke sie wollte, wegen der
Trennung, die Bücher von mir
zurückgeben, die sie nicht
Lesen konnte, weil die Texte zu tiefen flow
verursachten.

Vor meinem geistigen Auge tauchte, der
Rosinenzitronenbaum auf.
Warum pflücken manche immer nur
Zitronen in ihrem
Leben.
Schätzungsweise, weil sie
Farbenblind sind oder irre. (Aber
Hatschepsut
war ein Engel auf Erden. Ich liebte sie dafür.)

Ein Mann mit starken Nerven

Nerven wie Drahtseile, das wünschte ich mir
immer.
Eiskalt und Dauer großartig (cool halt).
Ein Sonnyboy.

Stattdessen bekam ich Nerven aus
Sicherheitsglas.
Und im Herbst, nach 30 Jahren
Soldatenleben, waren die
runter wie alte Bremsbeläge plus Glasbrand.

Mein Therapeut meinte dazu nur lapidar:
»Sind halt nicht aus Gummi, kann man
nicht so einfach austauschen. Lernen
sie damit zu leben.« NICHTS!
wird mehr besser werden, dachte ich.
»Fahren sie immer
schön LANGSAM ab jetzt, mit ihren
Glasknochen«, meinte er zum Abschied und
grinste.
Sein Humor ging mir auf den Sack. Vollidiot!
Noch ein zynisches Wort und ich hätte ihm die
Fresse poliert.

Natur

Der Strauch biegt sich,
der Baum wiegt sich,
der Vogel fliegt sich,
der MENSCH K I L L T SISCH.
Tschuldigung!

Durchsage

Die längste Werbung der Welt, das war
Dublo oder *Hanuda*?
Oder diese Jingles in dem Supermercato:

»Sehr geehrte Kunden, zum Gegenseitigen Schutz halten Sie bitte Abstand und achten sie auf das Tragen einer vorgeschriebenen Maske im Laden und auf dem Parkplatz und denken sie an ihre nächste Blooster-Impfung und bitte zahlen Sie zum Gegenseitigen Schutz nur noch mit Karte. Drücken Sie die Karte nicht auf das Lesegerät, sondern halten Sie sie etwa 10cm darüber. Das Kontaktlose leben schützt sie Gegenseitig am Besten. Zu Risiken und Nebenwirkungen ……………… lecken Sie sich gegenseitig am A….«

Kommuniqué

Das ist meines.
Ich muss das mal sagen.
Heute ist Freitag im Nov. 2021 und man hat den
Eindruck die Verarsche hört nicht auf.

Der kleine *Firus* macht uns platt.
Da fällt mir doch der David und der Goliath ein.
Die Natur rächt sich und bevor ich
gefällt werde noch schnell ein
Statement: Mein Gott was ich weiß.

Das muss mal RAUS: »Es brennt unter den Nägeln.«

AUA, AUA, AUA und AU. Selbstmitleid. Warum nicht?

Die ganzen Kriege, Gräuel,
unschuldigen toten Kinder und Frauen
usw. die wir in Namen von
Friedensmissionen, NATO-Quatsch,
der Erhaltung unseres Wohlstandes anrichten,
das alles geschieht nicht in meinem Namen.
Dafür habe ich meine Delegierten nicht
gewählt. NO, N>O und wieder NO war (engl.).
Wenn ich es zu entscheiden hätte, dann
Friede und Pazifismus und

Liebe für alle.

Und ich entschuldige mich bei allen Opfern:
»Es tut mir so leid!«, und, »Ich helfe.«,
und, »den Angehörigen auch für unsere
schlechten Umgangsformen. Und am
Allermeisten tut es mir leid,
dass ich ungefähr die erste Hälfte meines
Lebens
mitgemacht habe.
Sorry.«

Ich habe deswegen schon so manche
Träne vergossen
und schlaflose Nacht erlebt und mein
Karma bumst zurück.
Ich hoffe ich war deutlich genug.

der tot ist – die zukunft!

mein geist – ein terrorist

du analysierst – immer nur dich

Pension

Ich hatte mich ausgeklinkt.
Keiner hält an! Doch ich hatte es getan.
Keiner hat mal genug. Doch wieder ich.
Keiner hört auf. Doch auch ich.
Keiner weiß mehr. Ein schöner Buchtitel. Aber ich wusste was. Grade genug.
Schleudersitz und raus, so geht's am schnellsten und dein Cockpit ist danach Schrott.
Wie wunderbar, mit nur einem Knopfdruck, nur einer Entscheidung die totale Entschleunigung.
Ganz ohne Yoga und Dharma. Bei mir war es der Vorvorvor Ruhestand.
Einfach den roten drücken! Mach doch auch!

Der Sinn des Lebens

Es war ein Regentag.
Na und? Tag davor war sogar Sturm.
Dann krachen hier immer paar Bäume um.

Ich war mal wieder viel zu lange nur
gesessen, die Tipperei, ist eine MANIE
bei mir.

Ich ging mal raus, den KZ-Gedenkweg
hinterm Haus rum. Überall stehen da so Tafeln.
Auch bei der Krankenstation.

Da steht so sinngemäß. Dass der leitende Arzt
erklärte, wenn es zu viele Kranke gibt, dann
wird der Überschuss *abgespritzt.*

Ich kenne keinen schrecklicheren Ort wie das
KZ BARTH. Doch meine Kindheit? Nein, nur
½ so schlimm. Könnte beim letzten heulen.

Auf alle Fälle, war da mal wieder eine alte
Eiche umgekippt und lag mitten auf dem Weg.
Die Gedenktafel war heile geblieben.

Zum Teil stehen da auch noch die Fundamente,
gesprengte Eisentüren und Treppen führen nach
unten in DUNKLE ERDLÖCHER und Kammern.

Auf einem Stück Betonwand, voller Moos, wo
Die Moniereisen wie rostige Nadelspitzen in den
Himmel ragten, hatte einer was hin gesprayt:

»Geboren ohne Einverständnis
Parkuhr läuft
Tod am Ende
Im Nebel dein Zweck
Albtraum Dasein
Freiwilliger Abtritt ist Ziel + Sinn
suicido rapido!«

Also mir leuchtete das gleich ein.
Da war doch jemand auf den

SINn DES LEBENS gestoßen.

Da stand die Antwort auf alle Fragen.
Selbstmord as fast as possible. Ich wollte

gleich damit beginnen.
Vergaß es dann
aber über das schreiben wieder. Zum

Glück hatte ich es aber
aufgeschrieben.

mein Leben
ein großes Scheitern
was kommt heute?

(Ich blicke zurück in diesem Haiku und wie so oft fällt das Fazit nicht so gut aus. Aber ich respektiere das und mache einfach weiter oder trotzdem. Was bleibt einem auch übrig, wenn man nicht depressiv ist?)

Hoffnungslos

Die Menschheit und
ihr Schrott-Modell
führten zu den
größten Gräuel
die man sich nur vorstellen kann.

Aber es gibt Hoffnung,
Dinge können sich ändern.
Was beginnt kann enden
und der Wind dreht sich auch schon mal.
Die Natur (der Dinge) ist der direkte Draht zu Gott.

»Diese Buch widme ich dem größten
#rennfahrermusebrot
aller Zeiten,
das war dann wohl ich,
in meiner Kindheit,
ich
und
mein Go-Kart.«

Auslauf:

Ich liebe dieses Buch.
Ich liebe Gedichte mit Ausdruck.
Ich liebe Gefühle.
Ich liebe Texte die Gefühle kreieren.
Ich liebe das GRELL-GEILE-LEBEN.
Ich liebe die Menschheit nicht!
Ich liebe die Menschheit doch!
Ich liebte das verrückte Vorwort.
Ich liebe dich du bist mein Mitmensch.
Ich lieb(t)e Frauen.
Ich liebe meine Kinder.
Ich liebe meine Partnerin.
Ich liebe Transen.
Ich liebe seit neuestem Auberginen gegrillt.
Ich liebe gute Vorwörter.
Ich liebe Nachwörter.
Ich liebe Bücherregale.
Ich liebe das Gedicht auf Seite 253.
Ich liebe die Geschichte von Siddhartha Gautama
und JIDDU
Ich liebe veganes indisches Curry.
Ich liebe veganes asiatisches Curry.
Ich liebe German Linsensuppe.
Ich liebe den Frieden.
Ich liebe Wasseramseln.
Ich liebe Asphalt Philosophen.
Ich liebe die Menschheitsfamilie.
Ich liebe Schach.
Ich liebe den Mistkäfer.
28

Ich liebte grillen.
Ich liebte die Nationalmannschaft.
Ich liebte die Politik.
Ich liebte den Staat.
Ich liebte das Militär.
Ich liebte den Heldentod.
Ich liebte Hollywood.
Ich liebte Thriller, Actionstreifen, Science-Fiction.
Ich liebte Schnelltests.
Ich liebte Alkohol.
Ich liebte Halbmarathons.
Ich liebte Sachen.
Ich liebte den Dienst.
Ich liebte Currywurst mit Pommes und Coke.
Tu's immer noch.
Ich liebte die Vergangenheit.
Ich liebte Oma und Opa.
Ich liebte Uropa Albrecht.
Ich liebte den Bundestag.
Ich liebte unsere Delegierten.
Ich liebte Konsum.
Ich liebte die Leidenschaft.
Ich liebte die alten gusseisernen Straßenlaternen.
Ich liebte Weihnachten
Ich liebte Bakelit.
Ich liebte meine Mutter.
Ich liebte Aldi.
Ich liebte meine Ex.
Ich *LIEBTE* das Rauchen.
Ich liebte Wohnungstüren auframmen.
Ich liebte Dostojewski und Tolstoi.
Ich liebte denken und Ideen und Bilder.

31
Ich hasste meine Mutter, mich und noch paar andere Sachen,
aber nur kurz. Paar Jahrzehnte bloß. Es zerfraß mich von innen heraus, also habe ich es wegen Selbstschutz und Eigengefährdung wieder aufgegeben.

Am allerliebsten bin ich draußen. Das Leben beobachten.
Die meiste Zeit tue ich scheinbar nichts
und dazwischen schreibe ich.

Gender-Disclaimer und Netiquette

Sollte ich ihre Gefühle verletzt haben, so tut es mir leid, das lag mir fern. Meine Inhalte verstehen sich als Unterhaltung und Anregung. Ein konstruktiver Beitrag. Zum Zwecke der Lesbarkeit wurde auf die geschlechterspezifische Schreibweise verzichtet. Alles ist somit neutral zu sehen oder wie Sie möchten, aber immer harmlos. Sollten Sie irgendwo einen Fehler entdecken, dürfen Sie das gerne mitteilen. Für freundliche konstruktive Beiträge bin ich Ihnen sehr dankbar.

Bisher von Robert Patrick Martin im Rediroma Verlag als Softcover und eBook erschienen sind folgende Titel:

Total geile(r) Psycho
ISBN 978-3-96103-747-6
398 Seiten

Getäuschter Mann
ISBN 978-396103-798-8
220 Seiten

Bald ist Ladenschluss
ISBN 978-3-98527-347-8
200 Seiten

Mannheim - Mittelpunkt der Welt
ISBN 978-3-98527-003-3
223 Seiten

Herzverlierer
ISBN 978-3-98527-191-7
365 Seiten

Neandertal-Rules
ISBN 978-3-98527-281-5
192 Seiten

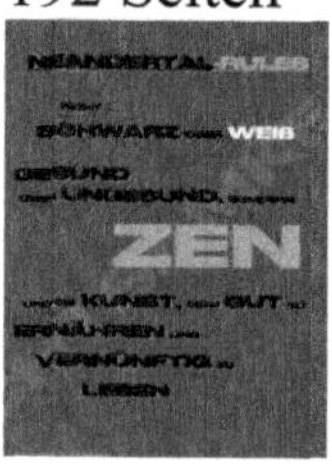